ESPERIENZE DELL'ARCHITETTURA
CORVINO
+
MULTARI
ARCHITECTURE EXPERIENCES

MONOGRAPH.IT COLLECTION XL

monograph.it.arch è la pubblicazione –sotto forma di libro-rivista- ideata come prodotto specifico per il mondo del progetto e della ricerca nei campi del paesaggio, architettura, città e industrial design, la quale, attraverso flessibilità di contenuti e formato, ha interesse e obiettivo nel divulgare le più originali e interessanti produzioni. Un modello di attività divulgativa -della rivista/monografia e della casa editrice- che intende valorizzare progetti e progettisti, e al contempo basarsi su potenzialità e innovazioni dell'esperienza progettuale più interessante e originale della cultura italiana, a confronto con quella internazionale, agendo sull'incrocio tra iniziative della professione e orizzonti di ricerca con una forte proiezione al futuro, capaci in particolare di convergere sui temi della conoscenza e del progetto di architettura, della città e del paesaggio attraverso idee, proposte, realizzazioni, contributi disciplinari, di metodo, nonché percorsi culturali e formativi. Monograph.it.arch, nella sua significativa struttura aperta di pubblicazione internazionale bilingue, attinge, in ogni diversa occasione, ad una ampia e composita comunità progettuale e scientifica, la più disponibile al confronto e crescita, allo scambio, ricca di opportunità di interdisciplinarietà e approcci interscalari. La pubblicazione si struttura secondo una parte introduttiva, che attraverso saggi teorici e interviste aiutano a comprendere e sviluppare il dibattito sul contenuto specifico oggetto della monografia. Poi un ricco apparato di progetti, proposte ed elaborazioni, immagini, a cura degli autori, italiani e stranieri, che seguono per delineare e descrivere la parabola progettuale. Una parte –centrale o finale- è dedicata ad una panoramica cronologica sui progetti, gli edifici, le proposte e le pubblicazioni di interesse intorno agli autori pubblicati. Così come –in alcune occasioni- il "saggio fotografico" ha per oggetto lo sguardo sulle trasformazioni dei luoghi della contemporaneità e può essere anche frutto di riflessioni da parte di altre discipline, arte, grafica, cinema, ecc. Ognuna delle pubblicazioni, per formato e grafica, ha un suo stile riconoscibile e adeguato al contenuto, e ogni volta le diverse personalità sono riconoscibili sia per il contenuto che per il contenitore.

Nota dell'editore

monograph.it.arch is the magazine/book conceived specifically for the world of design and research in the fields of landscape architecture, urban planning and industrial design. Through a flexible content and format it aims at spreading the most original and interesting productions. A model that applies both to the magazine/monograph and the publishing house that, at the same time, gives value to the projects and the designers and is based on the potentialities and innovations of the most original and interesting Italian design experiences, comparing them with the international production. It describes the meeting point of the professional initiatives and the research horizons that are projected into the future, able to involve the themes of knowledge and of the project of architecture, of the city and of the landscape through ideas, proposals, constructions, contributions and cultural and formative paths. Monograph.it.arch, as a bilingual international publication, has an important open structure that makes use of a broad and composite design and scientific community, the most open to debate, growth and exchange, rich in interdisciplinary opportunities and interscalar approaches. The volume's structure has an introduction that, through theoretical essays and interviews, help the understanding and the development of the debate around the content of the monograph. A rich collection of projects, proposals, images by Italian and international authors follows to define and describe the process of the project. A central or final section is dedicated to a chronological overview of the projects, the buildings, the proposals and the relevant publications of the authors. Sometimes, the "photographic collection" looks at the transformation of contemporary places and can also be triggered from other disciplines, such as art, graphic design, cinema and so forth. Every single volume has its very own recognizable style, with a different size and graphic design that is adequate to its contents, so that the different personalities are recognizable both for the content and for the container.

Publisher Note

L'architettura trasforma il semplice atto di costruire conferendo ad esso intelligenza, coerenza e bellezza. Un' intelligenza poetica. L'architettura parte da una necessità di trasformazione, un programma, un luogo, una realtà, un insieme di possibilità e mezzi. L'interesse dell'Architettura di Vincenzo Corvino e Giovanni Multari sta nella comprensione di ogni loro progetto, di ogni situazione, come una possibilità di riflessione.
Un'Architettura che guarda ogni progetto come un'investigazione in sé stessa senza una risposta caratterizzata, senza un'immagine a priori, cercando per ogni opportunità una risposta corretta. Una risposta in cui la coerenza della soluzione faccia capire il problema, la pertinenza della trasformazione di un luogo e la giusta ottimizzazione dei mezzi utilizzati. Un'Architettura che non esclude una ricerca, un piacere di trovare il cammino con una chiara coscienza del fatto che la strada, ed ogni progetto, si facciano camminando, cercando, trovando il loro meglio in ogni situazione.

Manuel Aires Mateus
Lisbona. 17 Settembre 2016

Architecture makes a simple act as construction something intelligent, coherent, and beautiful. A poetic intelligence. Architecture starts from a necessity of transformation, from a program, from a place, a reality, a series of possibilities and means. Vincenzo Corvino and Giovanni Multari's architecture is interesting because they interpret every project, every situation as a possibility for reflection.
An architecture that considers every project as a self-investigation, without a pre-characterized answer, without a pre-existing image, looking for the right answer for each opportunity. An answer in which the problem, the adequacy of the transformation of a place and the optimization of the used means are explained by the coherence of the solution. An architecture which does not reject research or the pleasure of finding the path, always bearing in mind that each path, and also each project, is built through walking, through searching and finding the best of each situation.

Manuel Aires Mateus
Lisboa. 17 September 2016

Riqualificazione Piazza dei Bruzi, Cosenza 1996 – 1998

INTRODUZIONE 8
INTRODUCTION

    I PROGETTI E LE CITTÀ 18
    THE PROJECTS AND THE CITIES
    Vincenzo Corvino

    L'ESPERIENZA DELLA COSTRUZIONE 28
    THE EXPERIENCE OF CONSTRUCTION
    Giovanni Multari

PROGETTI 40
PROJECTS

    Progetto M.U.S.P. Moduli ad uso scolastico provvisorio 42
    M.U.S.P. Project, Temporary School Modules

    La Cartiera: Centro Integrato per l'Artigianato ed il Commercio 56
    La Cartiera: Integrated Centre for Commerce and Crafts

    Restauro del "Mercato Coperto" 76
    Restoration of the "Indoor Market"

    Nuova Scuola Elementare 92
    New Elementary School

    24 alloggi in zona PEEP 106
    24 Apartments in PPH Area

    Nuovo Complesso Parrocchiale 118
    New Parish Complex

CONVERSAZIONE 138
CONVERSATION
con/with Vincenzo Corvino e/and Giovanni Multari
a cura di/by Pino Scaglione

DATI TECNICI 158
TECHNICAL DATA

    CONCORSI E PREMI 166
    COMPETITIONS AND PRIZES

    OPERE E PROGETTI 170
    WORKS AND PROJECTS

Edificio per uffici a Casoria, Napoli, 2001- 2005

INTRODUZIONE
INTRODUCTION

I PROGETTI E LE CITTÀ
THE PROJECTS AND THE CITIES
Vincenzo Corvino

L'ESPERIENZA DELLA COSTRUZIONE
THE EXPERIENCE OF CONSTRUCTION
Giovanni Multari

INTRODUZIONE

Esperienze dell'Architettura segue, a distanza di più di dieci anni, la monografia che l'editore Cronopio aveva dedicato al nostro lavoro, raccogliendo in una sorta di grande atlante i progetti dei primi dieci anni. I primi concorsi, la realizzazione del primo edificio a Cosenza, il lavoro a Napoli e in Campania, la vicenda milanese con il restauro del grattacielo Pirelli. In quel volume Valerio Paolo Mosco, nella sua nota *La strategia dell'ordine di Corvino e Multari* scriveva: "l'ordine proposto dallo studio napoletano non è immagine, ma un ordine costruttivo, fondato sul principio della architettura di impianto, che sappia tenere insieme in una bilanciata media res le ragioni della città e quelle dell'oggetto architettonico. Per ottenere ciò, il linguaggio si asciuga, diventa generico, rinuncia a quella nevrosi della invenzione a tutti i costi che, a ben vedere, è il limite del modernismo contemporaneo". Crediamo di aver mantenuto fede a questa lettura del nostro lavoro anche nelle più recenti e attuali condizioni che hanno visto un radicale cambiamento del nostro mestiere, in cui eventi molto importanti hanno modificato le storie, le persone, i fatti, la vita stessa di ciascuno di noi. Questo nuovo lavoro editoriale, che List pubblica nella sua collana Monograph, presentato da Pino Scaglione e con la prefazione di Manuel Aires Mateus, prova a fare una selezione ra-

I Rivocati - Programma Integrato di Interventi nell'area dell'ex Mercato Ortofrutticolo, Cosenza, 1998 - 2000

gionata di sei progetti realizzati che narrano di queste vicende recenti, di queste mutazioni, provando a costruire un ragionamento sull'architettura che resiste, che opera, che continua a svolgere un ruolo. Una narrazione che mette a fuoco immagini di luoghi che sono immagini di storie e di aspirazioni, di bisogni e di valori. Questioni molto rilevanti che il libro non vuole risolvere ma semplicemente porre all'attenzione di una comunità come frammenti di un possibile ragionamento sull'architettura. I due saggi, *i progetti e le città* e *l'esperienza della costruzione* ed i sei progetti, di cui l'intervista di Pino Scaglione prova a costruire un indice ragionato, pongono una questione nel nostro lavoro prevalente: il valore e la cultura del progetto. La scuola e le case della ricostruzione dell'Aquila, il grande edificio paesaggio per il commercio inserito nella millenaria storia di Pompei, il restauro del mercato coperto a Reggio Emila sulle tracce della città di fondazione romana, l'Housing Sociale alla latitudine meridionale di Quarto, il complesso parrocchiale nella sconfinata e abitata pianura del Sud Milano e l'edificio di servizio scolastico nella prealpina Brianza, sono la nostra testimonianza del valore che assegnamo al progetto e alla cultura del progetto. Un progetto che è processo, che lavora con differenti programmi, su territori e città molto diverse, che dialoga ogni volta con interlocutori che cambiano e che deve corrispondere ad una risposta rispetto ai bisogni, alle esigenze ed alle aspirazioni sia di chi commissiona l'architettura, e sia di una intera comunità a cui il progetto dovrà appartenere. Gli anni di questi progetti e di questi cantieri sono stati anni in cui, il pensiero critico e la realtà, hanno misurato una distanza che, siamo oramai consapevoli, è necessario ridurre nel tentativo di colmare quella divaricazione che produce gli effetti di una crisi a cui tutti assistiamo. Invertire questa condizione vuol dire, da un lato comprendere il cambiamento delle attuali condizioni, ma dall'altro evocare e rimettere in campo una rinnovata azione disciplinare capace di re-interpretare il ruolo e di essere parte nuovamente del processo. Il progetto, in questa accezione, non solo come risposta ma, soprattutto, come conoscenza, come pluralità di azioni e competenze che indagano le nuove complessità, le nuove forme dell'abitare, come ricerca di una continuità con l'esistente, nei suoi valori materiali ed immateriali. Questo valore culturale che da sempre il progetto esprime ed una larga condivisione di questo valore nella nostra società, corrisponde a ri-trovare una capacità di azione collettiva, un necessario aggiornamento del quadro normativo, una chiara individuazione delle procedure da utilizzare, una rinnova-

ta modalità nel dare risposte in funzione di domande sostenute e sostenibili. In questa visione il nostro ruolo di architetti è un ruolo che non deve mai rinunciare ad una azione critica, consapevole, per mettere in opera un sapere disciplinare che da solo sarebbe insufficiente. Una azione di misurato ordine, come amava dire Mies, assegnando ad ogni cosa il posto giusto e dando ad ogni cosa ciò che le è dovuto secondo la sua natura. Esperienze dell'Architettura vuole essere la nostra testimonianza di questi anni, che ci hanno insegnato soprattutto che la strategia dell'ordine continua ad essere, nel nostro lavoro, un paradigma irrinunciabile.

INTRODUCTION

Experiences of Architecture follows, almost ten years later, the monography on our work published by Cronopio that collected the projects of our first decade in some sort of large atlas. Our first competitions, the construction of our first building in Cosenza, our works in Naples and in Campania, and the Milanese restoration of the Pirelli skyscraper. In that volume, in his note La strategia dell'ordine di Corvino e Multari (The strategy of order by Corvino and Multari, *ndt*), Valerio Paolo Mosco wrote: the order proposed by the Neapolitan practice is not visual, but rather constructive. It is grounded on the principle of an architecture of foundation, able to hold together the reasons of the city and those of the work of architecture in a balanced *medias res*. In order to achieve so, the language becomes essential and generic. It leaves behind the actual limit of contemporary modernism, that's to say a compulsive need for invention at all costs." We believe we kept faith with this reading of our work, also in the most recent condition that saw a radical change for our discipline. Very important events had an impact on the stories, the people, the facts, and the very life of each and every one of us. This new publication, included in the Monograph collection by List, presented by Pino Scaglione and with a preface by Manuel Aires Mateus,

Restauro del Grattacielo Pirelli, Milano: il Piazzale Collina, 2001 – 2002

tries a thoughtful selection of six built projects that narrate this recent events and mutations. The aim is to build a reasoning upon architecture that resists, that operates, that still has a role. It is a narration that focuses on images of places as images of stories and aspirations, of needs and values, dealing with poignant questions that we don't claim to solve, but simply bring into the spotlight as fragments of a possible reasoning upon architecture.

The two essays, The Projects and the Cities and The Experience of Construction, and the six projects –collected in the interview by Pino Scaglione– raise a predominant matter for our work: the value and the culture of the project. The school and the houses of L'Aquila reconstruction, the great commercial landscape-building nestled into the millenary history of Pompeii, the restoration of the indoor market in Reggio Emilia on the traces of the city of roman foundation, the meridional Social Housing operation in Quarto, the parish complex in the endless and inhabited South Milan plain and the school service in Brianza are the evidence of the value we assign to the project and to the culture of the project.

A project that is also a process, that works with different functional programs, on different cities and territories, that has a dialogue with different people every time and that has to provide an answer to the needs, the requirements and the aspiration of both the actual client and the community eventually the project will belong to.

The project and the building sites of this years have measured a distance that we are aware it must be reduced in order to fill that gap that leads to the effects of a crisis we all witness. Reversing this condition means to comprehend the current situation, but also to restore a renewed disciplinary action able to re-interpret its role and being again part of the process.

The project, in this sense, is not only an answer, but rather knowledge, a plurality of actions and competencies that investigate new complexities, new forms of dwelling, researching a continuity with what already exists, in its material and immaterial values. This cultural value that has always been expressed by the project and that has always been shared by our society means to find again a capacity of a collective action, a necessary update of the legislation, a clear definition of the procedure to be used, a renewed way of answering sustainable questions. In this vision our role as architects means we must never abandon a critical and conscious action and implement a sectoral know-how that would not be sufficient if

taken alone. An action of measured order, as Mies used to say, placing every thing in its right place and giving every thing what it is required by its own nature. Experiences of Architecture wants to testify these years that above all taught us that the strategy of order is still an undeniable principle.

I PROGETTI E LE CITTÀ
Vincenzo Corvino

La conoscenza delle città, incontrate e indagate con i nostri progetti, ha sempre rappresentato il fondamento del lavoro di ricerca necessario per la messa a sistema di una proposta progettuale. Lo studio della storia dei luoghi e dell'evoluzione della loro forma urbis definisce le prime azioni su cui costruire un'idea, non intesa necessariamente come continuum della morfologia urbana di riferimento, ma come occasione di dialogo imprescindibile, di attento ascolto di istanze materiali e immateriali che i luoghi stessi raccontano.

Città che nel lungo processo di costruzione hanno sedimentato, su un atto di fondazione, successive stratificazioni, non solo fisiche ma soprattutto teoriche e concettuali. La loro struttura esprime molteplici caratteri, intessendo un indissolubile rapporto tra le architetture e la forma della città che esprime la complessità dei temi e dei contenuti con i rimandi alla storia e alla vita delle città stesse. Luoghi che saldano il terreno della conoscenza con le invarianti formali e di significato, da sole capaci di mettere in opera quel complesso di azioni proprie del progetto. Il progetto così ha sullo sfondo la città reale e la città ha nella propria dimensione la misura del progetto. Le città italiane, nel nostro caso, con la loro dimensione e natura, capaci di tenere insieme parti diverse, espressione di una specifica riconoscibilità morfologica, sedimentazioni radicate nella storia, hanno prodotto quei ragionamenti sull'architettura che testimonia una certa aderenza alla città esistente, evidenti tracce di una ricercata continuità, principale contesto dei nostri progetti.

Tra le diverse città italiane nelle quali abbiamo avuto l'opportunità di lavorare, Napoli e Reggio Emilia sono state tappe significative di sperimentazione tra il progetto e il contesto della città, luoghi differenti che, nella nostra idea di trasformazione, hanno mantenuto registri comuni.

Il progetto redatto per la periferia di Ponticelli a Napoli ci ha consentito di immaginare nuovi paesaggi per una città oggi restia al cambiamento. Evitare di fare tabula rasa della geografia esistente utilizzando gli elementi naturali e le tracce del paesaggio agricolo originario, lavorare con le reti di comunicazione, sono risultati i capisaldi dai quali ripartire, sui quali fondare le ragioni delle proposte. Alla città densa e porosa del suo centro storico, il quartiere di Ponticelli, costituito in gran parte da edilizia residenziale pubblica, ha contrapposto spazi ampi e relazioni tutte da indagare e mettere a sistema. "Case popolari" che per dimensione e nuove forme dell'abitare hanno realizzato modelli alternativi alla città storica dei Casali costruendo così due realtà che si sono sovrapposte senza conoscersi; una espansione attuata come un "allargamento urbano" e non come uno sviluppo dei nuclei periferici di riferimento.

Nato come centro agricolo, al pari della maggior parte dei paesi tra la piana del Sebeto e le pendici del Vesuvio, il quartiere di Ponticelli ha origini molto antiche. La prima notizia certa risale al IV-III sec. a.C., testimoniata da un'intera necropoli rinvenuta nei primi decenni del Novecento durante i lavori per la costruzione della linea ferroviaria Napoli – Roma. Successivamente, nonostante i pochi documenti in cui compare il nome di Ponticelli, è l'analisi delle condizioni della natura nelle varie mappe del territorio campano, in particolare in quella dell' "Ager nolanus", a testimoniare la presenza del cosiddetto "Casale

THE PROJECTS AND THE CITIES
Vincenzo Corvino

The knowledge of the cities our projects met and investigated has always been at the base of that research work that is necessary to define a project proposal. The study of the history of the places, of the evolution of their forma urbis defines the early actions for the construction of an idea that is not necessarily a continuum of the related urban morphology, but more an occasion of dialogue and listening to the material and immaterial instances told by the places themselves.

In their long process of construction these cities allowed, on their foundations, physical but mostly theoretical and conceptual stratifications. Their structure expresses a multitude of characters, creating an indissoluble relation between architecture and the form of the city, expressing the complexity of the themes and of the contents with references to the history and life of the same cities. Places that weld the ground of knowledge together with the formal and meaning invariants, able to implement by themselves the series of actions that belong to the project. So the background of the project is the actual city, and the city has, within its dimension, the measure of the project. Italian cities, in our case, with their dimension and nature, are able to hold together different parts that are morphologically recognizable, as layers rooted in history. They originated an architectural mind-set that shows certain cohesion with the existing city, as traces of a sought-after continuity, the main context for our projects.

Among the different Italian cities we had to chance to work in, Naples and Reggio Emilia were significant stages to experiment between the project and the city context; different places that, in our conception of transformation, kept similar languages.

The project for Ponticelli outskirt in Naples enabled us to conceive new landscapes for a city reluctant to change. Avoiding a tabula rasa of the existing geography, using the natural elements and the traces of the original agricultural landscape and working with the communication networks became the cornerstones to restart from, on which to ground the reasons of the proposals. To the dense and porous historic centre of Naples, Ponticelli neighbourhood –mainly composed of public housing complexes– opposed wide spaces and new relations yet to be investigated and organized. "Public housing complexes" that, with their dimension and new forms of dwelling, created alternative models to the historic city made of Casali (farmhouses), creating therefore two realities that happened to overlap without knowing each other; an expansion intended as a mere "urban enlargement" and not a development of the original residential settlements.

Founded as an agricultural centre, as many other villages between the Sebeto plain and the Vesuvius slopes, Ponticelli neighbourhood's origins go way back in time. The first reliable traces date back to the 4th-3rd century BC, as testified by a necropolis found during the construction of the Naples-Rome railway in the early decades of 1900. Even if it is mentioned in a very few documents, the existence of a "Casale de Ponticiello" in the following centuries is testified by many of the maps of Campania of the time, especially the "Ager Nolanus" map: it included Terzo and Porchiano, with "closed fields" and mainly vegetable gardens along the Sebeto River.

de Ponticello"; ne facevano parte le località di Terzo e di Porchiano con terreni strutturati a "campi chiusi" e con prevalenza di orti lungo il fiume Sebeto.

La conoscenza di tale evoluzione del territorio, nonché dello sviluppo urbano del nucleo storico, è stata la premessa del disegno di una nuova Ponticelli in cui dimensione geografica e urbana, complessità e innovazione, hanno rappresentato gli elementi che caratterizzano l'idea di progetto. In tale strategia il progetto per il Palaponticelli, Casa della Musica e degli spettacoli, con funzioni annesse sussidiarie, individua il luogo della Piazza come l'agorà a cui tutto il quartiere appartiene, un'area centrale connessa tra est e ovest, sui cui far prospettare attrezzature pubbliche e di uso pubblico. Un sistema insediativo-orografico che considera l'attraversamento veicolare a scorrimento veloce sulle strade che lo lambiscono, una risorsa per sentirsi in rete, un luogo da percorrere per connettere parti concepite per stare insieme.

Il disegno di suolo, allora, prima ancora del disegno dei nuovi edifici, ordina, connette il contesto, individua nuove centralità, propone alla presunta contrapposizione tra città pubblica e città privata il progetto di architettura, nel suo ruolo di risposta ad una necessità in cui il contesto naturale e artificiale definisce le sue istanze con l'avanzamento della conoscenza. Da queste premesse il progetto si configura con forme morbide, che vincono la rigidità compositiva che caratterizza gli insediamenti abitativi della periferia delle grandi città, in una sinergia tra suolo ed edificio che cerca un continuum di dialogo e di forma. Edifici che compongono un'unità, "atolli" che sedimentano una forma complessiva e che hanno, negli spazi di connessione pubblici e ad uso pubblico, l'anima e la parte vitale del complesso. Una varietà di forme in un disegno semplice, consapevole delle possibilità realizzative. Un susseguirsi di parti che assegna alla Casa della Musica e degli Spettacoli, il Palaeventi, il ruolo di nuovo totem fruibile anche in una visione cinematica dal cavalcavia della SS162, come già avviene per la non lontana nuova sede della ARIN disegnata da Daniel Buren. Due livelli di parcheggi consentono la fruibilità veicolare del complesso e il ridisegno degli spazi aperti limitrofi attua una riqualificazione urbana necessaria per una più diffusa opera nella vasta area pedonale e veicolare di connessione, tra i comparti edilizi presenti e le stazioni della Circumvesuviana. Un'occasione per lavorare ad un brano della periferia orientale di Napoli, in cui un grande edificio per la musica e i grandi eventi avrebbe consentito di colmare la carenza di luoghi per lo spettacolo al coperto di cui soffre da tempo la città, oggi esclusa da più importanti tour mondiali benché universalmente riconosciuta come la capitale della musica per gran parte degli addetti ai lavori. Un edificio polivalente, flessibile, corredato di attrezzature di quartiere per l'apprendimento, la pratica e la diffusione della danza, della musica e del cinema, in cui chiamare a partecipare gli abitanti ed in particolare i giovani del quartiere Ponticelli. Un luogo disegnato per l'ascolto e la partecipazione, un insieme di spazi immaginati per far tesoro dei contesti di riferimento. In questo scenario la grande sala per la musica e gli spettacoli con gli spazi commerciali, sussidiari alla sua funzione, diventa il nucleo attorno al quale cresce l'edificio nel paesaggio della città. Funzioni polivalenti annesse, quali attrezzature di quartiere, spazi espositivi, luoghi per l'apprendimento e la diffusione della musica e del teatro, si integrano a funzioni di ristoro e a gallerie commerciali, consentendo di far vivere di giorno e di notte l'intero insediamento.

Un'architettura dalla grande dimensione che prova a definire un intervento nelle maglie larghe della periferia di Ponticelli, che lascia spazio al dialogo, al mutamento nel tempo. Frammenti dismessi, in cui il progetto si fa carico del loro nuovo significato, consapevole che il campo di azione della proposta si muove tra vincoli intesi come risorse. Una conoscenza che ci racconta la consapevolezza di costruire nuove forme da abitare sul sottile

The base for the design of a new Ponticelli was undoubtedly the knowledge of the evolution of the territory and of the urban development of the historic centre. The geographical and urban dimension, together with complexity and innovation, became the element that characterizes the project concept. Within this strategy, the Palaponticelli project –House for Music and Performances, with ancillary services and functions– defines the Square as an agorà for the whole neighbourhood, a central area connected between East and West, surrounded by public functions. The layout-orography system sees the expressways that surround it as a resource to be connected to the network, a place to link parts that have been conceived to be elements of a whole.

The landscape project, even before the new buildings project, gives an order, connects the context and defines new centralities. The project of architecture is proposed against the alleged contrast between public and private city as an answer to a need where the natural and artificial context define its demands as the knowledge proceeds. On this basis, the project implements soft forms opposed to the rigidly composed dwelling settlements of the peripheries, creating a synergy between the ground and the building, a continuum of dialogue and form. The buildings are like "atolls" that create a whole unit, defining a unique form with the soul and vital part of the complex located in the public connection spaces. A simple design with a variety of forms, well aware of its constructability. The series of parts identifies the Casa della Musica e degli Spettacoli, the Palaeventi, as a new totem, visible also from the SS162 expressway, as the close new ARIN headquarters by Daniel Buren already did. Two parking lots levels allow the vehicular accessibility of the complex, while the redesign of the open spaces at the borders completes a necessary urban requalification for a broader operation in the large pedestrian/vehicular area that connects the dwelling settlements and the Circumvesuviana train stations. A chance to work on a part of the east periphery of Naples, where a large building for music and events could have filled the lack of indoor places for performances Naples has been deficient of for a long time. The city, although being widely defined as a capital of music, is usually left out of the most important world tours for this reason. The Palaponticelli is a polyvalent and flexible building, equipped with facilities aimed at promoting the study, the practice and the diffusion of dance, music and cinema among the people, and the young ones in particular, of Ponticelli. A place designed for the listening and participation, a series of spaces imagined to treasure the contexts it refers to. In this scenario, the great hall for music and performances, together with the commercial spaces that support this function, becomes the core for the building to grow in the city landscape. Other multipurpose functions like neighbourhood facilities, exhibition spaces, places for the learning and diffusion of music and theatre, are integrated with refreshment points and shopping galleries that allow the complex to live both during the day and at night.

A large-scale architecture that tries to define an intervention in the wide fabric of Ponticelli outskirt, leaving space for dialogue and mutation over time. Abandoned fragments, in which the project takes charge of their new meaning, aware that the scope of action of the proposal ranges within constraints meant as resources. A knowledge that tells us the awareness to build new forms of dwelling on the thin line between private and public life, and that this thin but necessary line is the base for ideas to imagine great catalysers of public interest as new opportunities from which to start designing the eastern area future. In this way experimentation and research not only propose defined shapes, but also actions for an urban process to be initiated. Our time cannot give answers to the suburbs with a mere urban order, therefore it identifies the present and future needs, defines hierarchies, and imagines mutations. A method that is based on recognition of

limite tra vita privata e vita collettiva e che su questo labile, ma necessario confine, fonda le idee per immaginare grandi attrattori di interesse pubblico, come nuove opportunità dalle quali ripartire per disegnare il futuro dell'area orientale. In questo modo il lavoro di sperimentazione e ricerca messo in campo non propone solo forme definite, ma azioni per un processo urbano da avviare. Il nostro tempo non potendo dare risposte alle periferie solo con l'ordine urbano, individua le necessità presenti e future, definendo le gerarchie, immaginando le mutazioni. Un metodo che si fonda sul riconoscimento della complessità del processo di costruzione delle città, che si svolge nel tempo e che utilizza il tempo stesso come materiale per costruire.

Senza questa flessibilità i progetti urbani sono destinati a restare sulla carta o ad essere snaturati e mutuando le parole di Rem Khoolhas "si assisterà sempre più ad una formidabile instabilità programmata"[1] in cui la previsione viene sempre messa in discussione. I progetti nelle aree marginali ai centri storici dovranno allora fornire un grado di flessibilità ad eventi urbani che coinvolgano gli abitanti nella vita del quartiere, favorendo la socializzazione attraverso la partecipazione. Progettare in una area vasta è sì ricerca paziente, ma anche e soprattutto disegno di una visione, lavoro nelle "tasche del paesaggio" per immaginare una nuova identità. All'Architettura il compito di misurare e selezionare la tecnica costruttiva appropriata all'uso e alla sua mutazione nel tempo, un compito chiaro non soggetto a compromessi. E' stato il caso di nostri recenti progetti per l'area orientale di Napoli in cui la visione complessiva definisce una nuova identità, accompagnata dalla definizione del particolare, dal controllo dell'azione, dal disegno del dettaglio.

L'idea per Napoli è quella di una metropoli a più centri, una città che riconosca e valorizzi identità diverse, dove una rete di trasporti esistente e di progetto può divenire rete connettiva per un suo utilizzo facilitato, al quale far corrispondere nuovi luoghi che necessitano di funzioni collettive per integrare, valorizzare e connettere la dotazione residenziale che già insiste nelle aree periferiche.

In questo contesto il progetto di architettura si alimenta dalla storia delle città, si identifica con il luogo, cerca di decifrare la sua specificità per riprendere il filo di un racconto sospeso, cerca di recuperare ciò che è stato dimenticato o cancellato valorizzando l'esistente con interventi puntuali e strategici. Appare, infatti, maturo il tempo di individuare e conoscere i fenomeni dell'abitare per avviare un'azione di interesse pubblico in cui collocare nuove opportunità. Un metodo per "riconoscere", individuando le azioni come esito di viaggi di conoscenza in cui disegnare le forme che verranno. Un atteggiamento legato al contesto con il quale l'architettura può misurarsi; un metodo di adesione ai luoghi, in aree che, malgrado tutto, ancora ispirano un senso di appartenenza e testimoniano un'antica armonia.

A queste modalità riconosciute e sempre più consolidate nel nostro lavoro[2], in cui la conoscenza della città si fa premessa fondativa al lavoro di progetto, appartiene, anche il Restauro e Recupero funzionale del Mercato Coperto a Reggio Emilia. Un edificio tra il neo classico e il liberty realizzato nel 1927 su progetto dell'ingegner Prospero Sorgato posto lungo la via Emilia, all'incrocio del cardo e del decumano maximo dell'antico centro della città romana. L'insula di riferimento di cui fa parte è quella dei successivi conventi di San Tommaso e del Corpus Domini realizzati in età Medioevale, poi completati in epoca rinascimentale e riuniti in un unico organismo architettonico a seguito della loro soppressione avvenuta in Epoca barocca-neoclassica. Sono gli interventi sette-ottocenteschi, con la realizzazione del nuovo Tribunale sulla via Emilia, e i successivi di inizio novecento, che realizzano il contesto edificato in cui il progetto del nuovo Mercato Coperto va ad insediarsi.

1. Rem Koolhaas, Bruce Mau, S,M,L,XL, Monacelli Press, United States, 1995
2. Giulia Bonelli (a cura di) Corvino+Multari 1995-2005, Edizioni Cronopio, Napoli, 2005

the complexity of the construction process of the city, which takes place in time and that uses the time itself as constructing material. Without these flexibilities, urban projects are destined to remain on paper or to be denatured.

Quoting Rem Koolhas "we will face an increasingly formidable programmatic instability"[1] where the prevision is always called into question. The projects areas on the margins of historic centres will then provide a degree of flexibility to urban events which involve the inhabitants in the life of the neighbourhood, encouraging socialization through participation. A project for a wide area is thoughtful research, but also the design of a vision, of a work in the "landscape pockets" to imagine a new identity. Architecture is assigned the task of measuring and selecting the appropriate construction technique for its use and its mutation over time, a clear task that can't be compromised. Our recent projects for the eastern area of Naples are the case where the bigger picture defines a new identity, together with the definition of the particulars, the control of the action, the drawing to detail.

The idea of Naples is that of a poly-centric metropolis, a city that recognizes and appreciates different identities, where an existing and to-be-designed transportation network becomes connective tissue to ease its use. New places that require collective functions to integrate, connect and add value to the housing complexes that already pervade the peripheral areas.

In this context, the architectural project is nourished by the history of the city, identifies itself with the place, tries to decipher its specificity to pick up the thread of a suspended narration, and seeks to recover what has been forgotten or deleted bigger picture enhancing what already exists with targeted and strategic interventions. The time is right to identify and study the phenomena of dwelling to trigger a public interest action to host new opportunities. A method to "recognize", to identify the actions as the results of journeys of knowledge where to design the forms that will come. An attitude linked to the context in which architecture can take its challenges; a method of adhesion to the places, to areas which, despite everything, still inspire a sense of belonging and witness an antique harmony.

This procedures that are increasingly consolidated in our work[2], where the knowledge of the city becomes a programmatic base for the project, include also the Restoration and functional recovery of the Indoor Marker in Reggio Emilia. The Indoor Market is a building halfway between neo-classical and Art Nouveau, built in 1927 on a project by engineer Prospero Sorgato, located along the Via Emilia, at the intersection of the cardo and the decumanus maximo of the ancient centre of the Roman city. The block to which it belongs encompasses the former convents of San Tommaso and of Corpus Domini built in the Middle Age, then completed during the Renaissance and merged into a whole architectural organism as a result of their suppression during Baroque-Neoclassical Period. The built environment in which the Indoor Market is implanted is the result of the eighteenth-nineteenth century interventions, with the creation of the new Court on the Via Emilia, and the following ones of the twentieth century.

Aware of the historical stratification of the entire block, the project aims to re-read the Market Gallery, the Student House and the building that insists on the area of the Church of San Tommaso as a single organism able to explain urban relationships with the context. It also aims at implementing actions to create a new permeability on all sides and in particular on Piazza Scapinelli, a space always denied to the Market, also in the original project. The main chapters of the project include the restoration of the Market Hall Gallery

1. Rem Koolhaas, Bruce Mau, S,M,L,XL, Monacelli Press, United States, 1995
2. Giulia Bonelli (a cura di) Corvino+Multari 1995-2005, Edizioni Cronopio, Napoli, 2005

Consapevole della stratificazione storica dell'intera insula, il progetto propone di rileggere la Galleria del Mercato, la Casa dello Studente e l'edificio che insiste sull'area della Chiesa di San Tommaso come un unico organismo in grado di esplicitare relazioni urbane con il contesto realizzando azioni finalizzate ad alimentare nuove permeabilità su tutti i lati ed in particolare su Piazza Scapinelli, da sempre negata e mai prevista nel progetto originario del Mercato. Il restauro conservativo della Galleria del Mercato Coperto ed il recupero dell'edifico ex succursale Chierici e della ex Casa dello Studente con la relativa demolizione di superfetazioni e volumi impropri, insieme alla realizzazione di spazi pubblici di connessione che insistono tra gli edifici, rappresentano i principali interventi previsti.

E' proprio, infatti, la riqualificazione e il ripensamento dello spazio pubblico compreso tra le fabbriche a dare un nuovo significato e ruolo a questa parte di città, facendone un vero e proprio epicentro di trasformazione in grado di coinvolgere il sistema di spazi aperti che dalla via Emilia si sviluppa a pettine nelle vie perpendicolari. La Piazza Scapinelli, la via dell'Abbadessa insieme alla Galleria del Mercato e alle corti interne formano un sistema di spazi aperti continuo e permeabile in grado di funzionare come centro propulsivo di qualità urbana per l'intero centro storico. A partire da un'idea di territorio come deposito e stratificazione di trasformazioni storiche, il progetto interpreta e rivela l'identità sopita di quel luogo di cui la struttura del Mercato ne esplicita ruolo, significato e relazione.

Una opportunità di riqualificazione degli spazi di relazione della città, si fa corpo permeabile di collegamento spaziale e di sequenzialità temporale, tra un passato di riscoperte stratificazioni e un futuro di nuove funzioni. In coerenza con gli obiettivi del Piano strategico per la valorizzazione della città storica, la trasformazione estende "l'effetto città" dalla direttrice della via Emilia al sistema dei vicoli collegati, a Piazza Scapinelli, a via dell'Abbadessa. Si realizza uno spazio di attraversamento, ma anche di polarizzazione, fino a costruire una nuova centralità che inserisce l'area nel sistema consolidato delle piazze del centro. La permeabilità del nuovo complesso si gioca, allora, nell'equilibrio tra interno ed esterno, vive nella ridefinizione dei vuoti, ma anche qui nel tema della "soglia", nel passaggio tra interno ed esterno. La nuova piazza Scapinelli si pone a presidio degli ingressi e, attraverso un gioco di allineamenti, indirizza verso la galleria principale, verso la rinnovata Piazzetta del pesce e l'ex Casa dello studente. La lunga panchina, 12 metri, ricostruisce idealmente il sedime originario del sagrato della chiesa di San Tommaso, demolita per lasciare spazio all'edificio novecentesco.

Il progetto raccoglie così molteplici sfide, dalla riqualificazione urbana alla riorganizzazione dell'isolato. Non ultima, la sfida della qualità architettonica: "attraverso scelte delicate ma dalla forte valenza espressiva, sotto i vigili occhi della Soprintendenza lo spazio centrale della Galleria viene recuperato mantenendo il carattere originale degli spazi. Le parti aggiunte puntano alla valorizzazione attraverso il contrasto: il pavimento esagonale grigio di grès e il sistema di corpi illuminanti scuri si staccano dalla struttura storica caratterizzata da cromatismi chiari e sfumati, nei riflessi della luce filtrata dalla grande copertura vetrata. Non manca l'integrazione con il verde, anche se riservato (e arrampicato) solo al muro lungo l'antica via dell'Abbadessa".[3] Non solo un restauro conservativo, ma un'occasione per mettere in opera una strategia per l'intero centro della città, un lavoro che ha agito sulla natura materiale delle strutture con l'obiettivo di esaltare la riconoscibilità e l'autenticità dell'antico Mercato, luogo di scambio e socialità. La proposta funzionale per le parti nuove degli edifici ha integrato la struttura monumentale anche attraverso la riorganizzazione degli accessi e del sistema delle corti interne predisposte per ospitare eventi, incontri musicali, rappresentazioni teatrali e culturali. Un'occasione per ridefinire

3. Francesco Bombardi, Il mercato coperto per camminare verso il centro, in Il Giornale dell'Architettura n.105, Allemandi Editore, maggio 2012

and the recovery of the former Chierici branch building and the former Student House, with the demolition of additional and improper volumes built through time, along with the creation of public spaces that connect the different buildings.

The requalification and re-thinking of the public space between the buildings gives a new meaning and role to this part of town, making it a true epicentre of transformation able to involve the system of open spaces that from Via Emilia ramify in the perpendicular alleys. Piazza Scapinelli, Via dell'Abbadessa together with the Market Gallery and the indoor courts form a continuous and permeable open space system bond to become a cluster of urban quality for the whole historic centre. Starting from an idea of territory as a deposit and a stratification of historical transformations, the project interprets and reveals the dormant identity of that place of which the structures of the market are meaning and relationship.

An opportunity for redevelopment of the public interaction spaces of the city becomes a permeable spatial connection and a temporal sequence, lingering between a past of rediscovered stratifications and a future of new functions. In line with the objectives of the Strategic Plan for the enhancement of the historic city, the transformation extends the "city effect" from the main Via Emilia to the system of alleys connected to Piazza Scapinell and via dell'Abbadessa. It becomes a space of crossing and of polarization that creates a new hub within the consolidated system of squares in the city centre. The permeability of the new complex is found in the balance between indoor and outdoor, lives in the redefinition of empty spaces, but also in the "threshold" theme, in the transition between indoor and outdoor. The new Piazza Scapinelli defends the entrances and, through a series of alignments, gives direction towards the main gallery and the renewed Piazzetta del Pesce (Fish market square) and the former Student House. The 12 meters long bench ideally reconstructs the original layout of the churchyard of San Tommaso church, demolished to create the space for the twentieth-century building.

The project therefore collects many challenges, from urban renewal to the reorganization of the block. Not least, the challenge of architectural quality: "through delicate but strongly expressive choices, under the watchful eyes of the Superintendent, the central gallery is restored while maintaining the original characters of its space. The new additions aim at enhancement through contrast: the gray hexagonal tile floor and the dark lighting system are detached from the historic structure characterized by clear and blended colours, in the reflections of the light filtering through the large glass roof. A green integration is not missing, although reserved only to the wall along the ancient Via dell'Abbadessa"[3]. Not just a conservation work, but more an opportunity to implement a strategy for the entire centre of the city, a work that operates on the material nature of the structures aiming at the enhancement of the identity and of the authenticity of the ancient Market, a place of exchange and sociability. The functional proposal for the new parts of the building integrated the monumental structure through the reorganization of the accesses and of the internal court system, geared to host events, music shows, theatre and cultural performances. An opportunity to redefine the margins of the public space of an entire block of the historic centre of the city. A place that represents the identity of an entire urban community, home of the most important secular and religious institutions since Roman times.

Once again we have a work that's a project related to the terrain before being a project for a building. It's an urban action that, starting from the knowledge of history, uses its tale to imagine new possibilities for this part of the city. A set of actions that gives recognition to the places by subtraction more then by addition. It's the case of the twen-

---

3. **Francesco Bombardi, Il mercato coperto per camminare verso il centro, in Il Giornale dell'Architettura n.105, Allemandi Editore, maggio 2012**

i margini dello spazio pubblico di un intero isolato del centro storico della città. Un luogo che rappresenta l'identità di una intera comunità urbana, sede delle più importanti istituzioni laiche e religiose sin dall'epoca romana.

Anche in questo caso un lavoro innanzitutto sul progetto di suolo, prima ancora che sugli edifici, un'azione urbana che, a partire dalla conoscenza della storia, utilizza il suo racconto per immaginare nuove occasioni per questa parte di città. Un insieme di azioni che riconosce i luoghi lavorando per sottrazione piuttosto che per aggiunte. E' il caso della demolizione del volume novecentesco, che insisteva nella corte di Piazzetta del Pesce, che consente di ricreare lo spazio architettonico dell'antico chiostro, ulteriore spazio pubblico di relazione con l'edificio ed il suo intorno.

Con queste premesse la ricostruzione del volume di collegamento tra il Mercato e la Casa dello Studente, realizzata a compensazione della demolizione di quello esistente e la riconfigurazione del nuovo prospetto su Piazza Scapinelli hanno rappresentato l'occasione del nuovo. Un'azione contemporanea, distinguibile, che utilizza il legno come materiale per costruire. Un insieme di lamelle verticali riconfigura il fronte sul retro, costruendo un nuovo fronte verso uno spazio pubblico reso pedonale e caratterizzato da un accesso in asse con quello storico sulla via Emilia. Un insieme di elementi lignei che si stacca dalla parete di fondo per riallineare l'edifico all'antico sedime, in linea con la preesistente Chiesa, e definisce uno spazio vuoto nel quale collocare, anche la scala di sicurezza proveniente dalla Casa dello Studente. Un restauro complessivo di un isolato del centro della città, esito di un viaggio di ascolto del contesto che utilizza la storia come materiale per costruire nuove opportunità ad un intero ambito urbano, in coerenza con le strategie complessive di valorizzazione del centro storico. Le storie di Napoli e Reggio Emilia, intrecciano le storie di due progetti. Il grande edificio per gli spettacoli, nuovo centro della periferia orientale corrispondente alla piana di Ponticelli, e il recupero del mercato coperto lungo la antica strada di fondazione, la via Emilia, nella densità della città storica, progetto realizzato e pubblicato nelle pagine di questo libro, narrano di storie che apparentemente sembrano diverse ma, in realtà, sono fortemente accomunate da premesse, ragionamenti e scelte che rendono riconoscibile il nostro lavoro sin dagli inizi, lavoro che è sempre memore degli insegnamenti ricevuti, di un fondamentale e significativo percorso formativo[4] e continuamente alimentato da quella ricerca sulla conoscenza e da una curiosità scientifica che nutre una passione ri-conoscente verso la storia di queste Città.

---

4. V. Corvino, F. Izzo, G. Multari, Master di II Livello – Progettazione di Eccellenza per la città Storica, Yearbook 2010/2011, Paparo Edizioni, Napoli, 2013

tieth-century volume that was located in the Piazzetta del Pesce, the demolition of which enables the recreation of the space of the ancient cloister, an additional public space that relates with the building and its surroundings.

On this premises, the reconstruction of the volume connecting the Market and the Student House –built to compensate the demolition of the existing one– and the reconfiguration of the new façade on Piazza Scapinelli represented an opportunity for a new, contemporary and distinguishable action that uses wood as material for building. A set of vertical blades redefines the backside elevation, designing a new front towards a pedestrianized public space that features an entrance aligned to the one on the historical Via Emilia. A set of wooden elements, detached from the back wall to realign the building to its old footprint, in line with the existing Church, defines an empty space in which the fire escape from the Student House finds place. This complete restoration of a block of the city centre is the result of a journey of listening to the context that uses history as a material to build new opportunities for an entire urban area, in line with the overall strategies of enhancement of the historic centre. The stories of Naples and Reggio Emilia intertwine the stories of two projects. The large building for performances, the Ponticelli plain as the new centre of the eastern outskirt, and the restoration of the Indoor Market on the ancient Via Emilia, within the dense historic city –a built project described and published in this book– narrate stories that are less different than what they may seem. They actually have common premises, reasoning and choices that make our work recognizable from the very beginning. Our work always bears in mind the teachings of our fundamental educational path[4] that is constantly nourished by the research on knowledge and by a scientific curiosity that aliments a grateful passion towards the story of these Cities.

4. V. Corvino, F. Izzo, G. Multari, Master di II Livello – Progettazione di Eccellenza per la città Storica, Yearbook 2010/2011, Paparo Edizioni, Napoli, 2013

L'ESPERIENZA DELLA COSTRUZIONE
Giovanni Multari

"... credo che nella cruda realtà della costruzione si possa considerare con maggiore chiarezza la natura di un progetto, la consistenza delle idee. Credo fermamente che l'architettura abbia bisogno del supporto della materia; e che ciò che viene prima sia inseparabile da ciò che viene dopo. L'architettura arriva allorchè i nostri pensieri su di essa acquistano quella condizione di realtà che solo i materiali possono conferirle. Solo accettando e patteggiando i limiti e le restrizioni che l'atto del costruire comporta, l'architettura diviene ciò che essa è realmente".[1]

Così Rafael Moneo introduceva la sua lezione di presentazione, nel 1985, in qualità di chairman presso il dipartimento di architettura della Graduate School of Design della Harvard University. Le sue parole sono tra le principali testimonianze del significato e del valore della costruzione in architettura, l'atto che da senso e misura alla nostra formazione, al nostro registro progettuale, agli schizzi, ai modelli, ai disegni, agli scritti, alla nostra idea di architettura. L'Esperienza della Costruzione rappresenta la principale prova, per un architetto, delle sue ricerche, dei sui studi, di quell'indagare e conoscere l'architettura come espressione di un pensiero, di una forma, di un ragionamento, di una realtà, di un luogo, di un contesto. Registro principale di questo operare è senza dubbio il progetto ed il suo processo, un complesso di documenti, azioni, atti che fissano le coordinate, tracciano le direzioni, danno concreta visione dell'opera, in un progresso continuo e sperimentale, proprio di un mestiere, che si affida ad alcune tecniche, è consapevole di alcuni saperi, orientato verso un prodotto adeguato al suo scopo. Un modo di guardare al progetto di architettura ed alla sua costruzione in un processo collettivo, fatto di regole condivise, che conferiscono chiarezza, riconoscibilità tipologica e dimensione etica, alimentando e coltivando quel dubbio che è insito nell'irrinunciabile desiderio di invenzione, tenuto sotto il controllo di alcune certezze che appartengono alla razionale impostazione dell'idea.

Scriveva così l'architetto Heinrich Tessenow a proposito del mestiere del progettare: " ... per poter essere dei bravi artigiani noi dobbiamo da un lato aspirare a elementi certi e definitivi e dall'altro non rinunciare mai al dubbio, almeno tanto quanto non vogliamo rinunciare alla certezza".[2]

Le regole principali di questo operare per la costruzione dell'architettura risiedono, spesso, nei contesti, nelle città, nei luoghi dove sedimentano le storie, i processi di trasformazione, le tracce di originarie fondazioni, di tessuti, di impianti, di case, il cui lavoro di riordino critico definisce la maglia culturale in cui precipitano, trovando collocazione, gli elementi di una composizione architettonica che restituiscono, nel loro prendere posizione, il senso, l'adeguatezza e l'appropriatezza di un intervento. Un intervento capace di mettere in opera non solo le ragioni della sua collocazione, ma le profonde ragioni dell'architettura, della sua capacità di riferirsi, di appartenere ad un terreno comune, di narrare una storia che rimanda ad altre storie.

Il tema dei luoghi e con questi delle loro storie è una delle possibili chiavi di lettura dei

---

1. R.Moneo, la solitudine degli edifici in la solitudine degli edifici ed altri scritti, pag 148, Umberto Allemandi & C. Editore, Torino 2004
2. V. Magnago Lampugnani, il mestiere del progettare in Modernità e durata, proposte per una teoria del progetto, pag 10 Skira Editore, Milano 1999

THE EXPERIENCE OF CONSTRUCTION
Giovanni Multari

"[…] in the crude reality of built works one can see clearly the essence of a project, the consistency of ideas. I firmly believe that architecture needs the support of matter; that the former is inseparable from the latter. Architecture arrives when our thoughts about it acquire the real condition that only materials can provide. By accepting and bargaining with limitations and restrictions, with the act of construction, architecture becomes what it really is."[1]

This is how Rafael Moneo introduced his presentation lecture, back in 1985, as the chairman of the Department of Architecture of Harvard University Graduate School of Design. His words are among the main evidence of the meaning and value of construction in architecture, the act that gives meaning and measure to our education, to our project language, sketches, models, drawings, writings, to our idea architecture. The Experience of Construction is the main trial for an architect, a test of his research, of the studies, of that process of investigation and knowledge of architecture as an expression of a thought, of a form of reasoning, of reality, of a place, a context. The main tool of this practice is undoubtedly the project and its process, a series of documents, actions, acts which define the coordinates, trace directions, and give a concrete vision of the work. This whole process takes place in a continuous and experimental progress that belongs to a mastery which relies on some techniques, is aware of certain wisdoms, and chooses a product that is suitable for its purpose. It is one possible way to look at architectural design and its construction in a collective process, made of shared rules, which give clear, recognizable typological and ethical dimension, nurturing and cultivating the doubt that belongs to the fundamental desire for invention, held under the control of some certainty that belongs to the rational definition of the idea.

As architect Heinrich Tessenow wrote, about being a designer: "[…] to be good artisans we must, on a side, aspire to certain and definitive elements; on the other, never leave the doubt aside, as much as we want certainties".[2]

The main rules of this work towards the construction of architecture are usually to be found within the contexts, the cities, the places where stories layer up, together with the processes of transformation, the traces of foundations, of textures, of layouts, of houses. Giving an analytical order to these elements defines the cultural network that serves as a base for the elements of an architectural composition that, with their location, represent the sense, the adequacy and the pertinence of a work. A work able to express not only the reasons for its location, but also the deep reasons of architecture, its ability to relate and to belong to a common ground, to narrate stories related to other stories.

The themes of the places and their stories are only one of the possible interpretations of our projects. Some Italian cities saturated with architecture, places of experience and of formal and typological models that are often repeated, were the "grounds" for our projects and their construction.

1. R.Moneo, la solitudine degli edifici in la solitudine degli edifici ed altri scritti, pag 148, Umberto Allemandi & C. Editore, Torino 2004
2. V. Magnago Lampugnani, il mestiere del progettare in Modernità e durata, proposte per una teoria del progetto, pag 10 Skira Editore, Milano 1999

nostri progetti. Alcune città italiane dense di architetture, luoghi dell'esperienza e di modelli formali e tipologici che si "ripetono" significativamente, sono stati i "suoli" dei nostri progetti e della loro costruzione.

La nostra esperienza inizia a Cosenza, che non è soltanto la mia città natale, ma è soprattutto una città che, negli anni novanta, sotto la guida dell'allora sindaco Giacomo Mancini, al fine di avviare alcune pratiche di riqualificazione dell'ambiente urbano, rivelatesi poi nel tempo buone pratiche, promuove, tra le prime città in Italia, una stagione di concorsi di architettura per realizzare importanti opere pubbliche, in luoghi significativi della città. Cosenza nasce alla confluenza di due fiumi, il Crati ed il Busento, che, da elementi geografici, diventano elementi di regolazione della costruzione della città. Ad un tessuto storico addensato e perimetrato dai corsi d'acqua, corrisponde una citta nuova, lineare e diffusa da Sud verso Nord, le cui prime tracce di impianto novecentesco, danno forma al quartiere Trieste, che costruisce l'enclave dei Rivocati[3], sede del mercato ortofrutticolo della città. La dismissione di questo mercato, e la disponibilità di una importante area pubblica al centro della città, animano il dibattito di quegli anni che trova una possibile risposta nel progetto di riqualificazione del grande isolato di forma trapezoidale, attraversato da una strada di collegamento tra la villa pubblica, realizzata tra le due guerre, ed il lungofiume Busento. Le ragioni di un impianto così definito e la forma urbana di questa parte di città, hanno determinato l'adozione di un modello preciso, l'isolato, che ha messo in opera la definizione dei bordi, disponendo lungo tutto il perimetro la costruzione. Questo schema progettuale ha determinato all'interno delle lunghe cortine un sistema di luoghi pubblici e privati, corti, passaggi, strade, attraversamenti, che assumono un ruolo determinante nella costruzione della architettura, divenendo i luoghi del progetto, gli spazi pubblici, che filtrano la luce, le attività, la vita del quartiere. Lo spazio è definito da volumi semplici con un basamento in pietra, il corpo in cortina di mattoni rossi e il coronamento in intonaco bianco. Una sequenza di materiali riferita alle architetture del quartiere, le più importanti costruite nel periodo tra le due guerre, un lavoro di conoscenza che aumenta il significato della scelta dei materiali. Materiali il cui significato chiarisce Aldo Rossi nel suo scritto relativo al progetto per il Museo di Storia Tedesca a Berlino: "... crediamo sia importante sottolineare come tutti i materiali costruiscano un loro mondo di rappresentazione; in altre parole essi non sono riferiti a pure scelte tecniche e/o commerciali, ma sono parte integrante del progetto. Crediamo che la costruzione di questo edificio potrebbe spingere alla ricerca di nuovi materiali o di nuovi usi del materiale tradizionale come è sempre avvenuto nelle grandi costruzioni. In latino spesso le cattedrali si chiamavano "fabbriche" proprio per questo loro carattere di continuare nel tempo mettendo a punto nuovi sistemi di costruzione che spesso significano anche nuovi significati"[4].
E' stato proprio questo il senso ed il valore della scoperta, per noi, nel progetto del nostro primo edifico ai Rivocati, nella seconda metà degli anni novanta a Cosenza, di un uso dei materiali che andasse oltre il sacrosanto compito tecnico dei materiali stessi. Mattoni, pietra e intonaco interpretavano la nostra idea di architettura, la nostra sperimentazione sullo spazio, mettendo in opera una necessaria conoscenza della tradione di una città e dando conto di una formazione sempre presente e sempre attiva, a cui riferirsi. Da qui lo scorrere di un sistema di pieni e vuoti, continuamente e precisamente corrisposti nella organizzazione delle funzioni, chiara volontà di dare espressione al volume che potesse descrivere continuamente, quasi come una ossessione, lo svolgersi della vita all'interno dell'edificio, destinato ad uffici. L'impianto a corpo triplo si snoda per distribuire le aree di lavoro, collocando nei punti di intersezione i sistemi di risalita ed i servizi. La porta di tutto il sistema si apre su un grande atrio in cui, la sequenza delle rampe rettilinee della scala pubblica, in un vuoto a tutta altezza, protetto da una facciata trasparente e da un frangisole lineare in pietra, misura la dimensione dell'edificio. Una esperienza quella dei

3. V. Corvino, G. Multari, i Rivocati, Nicola Longobardi Editore, Castellammare di Stabia 2002
4. A. Rossi, il progetto definitivo in Aldo Rossi Deutsches historisches Museum Berlino, pag 73 Electa Editore, Milano 1990

Our experience begins in Cosenza, that not only is the city where I was born, but above all a city that under the guide of Mayor Giacomo Mancini in the 90's gives the spark to a series of architectural competitions for important public works in significant areas of the city. It was meant as the beginning of a requalification process of the urban environment that became a good practice in time. Cosenza is located where the river Crati and Busento meet. Apart from geographical elements, they become rules for the construction of the city. Opposed to a dense historic fabric, surrounded by the two rivers, a new diffuse and linear city extends from South to North. The early traces of the nineteenth century layout give shape to the Trieste district, creating the Rivocati[3] enclave, where the city fruit and vegetable market is located. The dismantling of the market and the consequent availability of an important public area in the city centre created an animated debate in those years. One of the possible solutions was found in the requalification project of the large trapezoidal-shaped lot, crossed by a street that connects the circa 1930 Villa Nuova and the Busento river esplanade. Such a definite layout, together with the characteristics of the urban form of this part of the city, suggested the adoption of the block typology, arranging the construction along the edges. This scheme creates a system of public and private spaces on the inner side, made of courtyards, passages, streets, and crossings that became fundamental in defining architecture. The public spaces filter the light, the activities, and the life of the neighbourhood and become the places of the project. The space is defined by simple volumes with a stone base, a brick-wall body and a white-plastered top. These materials recall the neighbourhood architecture, most of it built in the 30's, carefully picked after an investigation process that elevates the meaning of the choice. The meaning of materials was clarified by Aldo Rossi in his essay about the German History Museum project: "We reckon it is important to stress that all materials build their own world of representation; in other words, they are not related to purely technical or commercial choices, but they are an integral part of the project. We believe that the construction of this building could push the research for new materials or new uses of traditional material as it has always been for large constructions. Cathedrals, in Latin, were often defined "factories" for this continuous progress carried out by the creation of new construction systems that often also carry new meanings"[4]. This was exactly the meaning and the value of discovery, for us, in our very first building in Rivocati, in the late 90's in Cosenza: a usage of materials that goes beyond their mere technical duty. Brick, stone and plaster interpreted our idea of architecture, our spatial experimentation, through a necessary knowledge of the traditions of a city and constantly referring to an always current education. The system of full and empty spaces that match the functional organization is a clear will to give the volume the possibility to constantly describe, almost obsessively, the ongoing life inside this offices building. The three-block layout creates a distribution for the workplaces, with the services and the vertical connection systems located at the intersections. A large atrium houses the series of ramps of the open-to-public staircase, in a full-height space protected by a transparent façade and a linear stone brise-soleil that serves as measurement reference for the whole building. Rivocati is an experience and an evidence of a way of building a project that made clear –at the time and still today– the process that defines the construction of architecture, its meanings and its value. Cosenza represents the city and the place of the dawn of a strategical action that keeps focus on the value and culture of the project, revealing how all this becomes architecture just with its construction.

In those very intense years in our Naples office, in Via Ponti Rossi, other cities chose the architectural competition method to find solutions not only to urban requalification issues, but also to rehabilitation and repurposing of important public buildings. The most

---

3. V. Corvino, G. Multari, i Rivocati, Nicola Longobardi Editore, Castellammare di Stabia 2002
4. A. Rossi, il progetto definitivo in Aldo Rossi Deutsches historisches Museum Berlino, pag 73 Electa Editore, Milano 1990

Rivocati, una prova quella della costruzione del progetto, che hanno reso chiaro, fin da subito e da allora ancora oggi, il processo che determina la realizzazione della architettura, i suoi significati ed il suo valore. Cosenza ha rappresentato la città, il luogo dell'avvio di una azione strategica che non perdesse mai di vista il valore e la cultura del progetto, palesando, come tutto questo, assume il significato di architettura, solo in presenza della sua costruzione.

In quegli stessi anni, molto intensi nello studio di via Ponti Rossi a Napoli, altre città sperimentavano la strada del concorso per trovare risposta a problemi, non solo di riqualificazione urbana, ma anche di recupero e rifunzionalizzazione di importanti edifici pubblici. Il caso più emblematico di quegli anni, siamo tra la fine degli anni novanta e primi anni del duemila, praticamente nello stretto passaggio di secolo e di millennio, è quello del Restauro del Grattacielo Pirelli a Milano[5], voluto dalla Regione Lombardia, che decise di bandire due concorsi per gli spazi più rappresentativi dell'edificio, progettato da Gio Ponti e Pierluigi Nervi, il trentunesimo piano e l'auditorium. La vicenda però, superata la fase di concorso, si fa più complessa, a causa del noto incidente aereo del 18 aprile del 2002 in cui, un piccolo aereo da turismo, si schianta sulla facciata principale dell'edificio, provocando la morte di alcune persone. Immediato è il dibattito sul restauro di uno degli edifici più simbolici della città di Milano, testimone esemplare di quella cultura politecnica che aveva ricostruito Milano nel dopoguerra, con grande capacità di invenzione e una particolare attenzione ad una sapiente tradizione costruttiva. Nel suo Amate l'Architettura Ponti apre un dialogo con il suo edificio e scrive: "Dico spesso: «obbedire all'edificio» (cioè all'architettura). Ciò mi conduce ad addentrarmi in un argomento che mi è caro, quello di considerare la natura veramente appassionante di quei rapporti singolari che ad un certo momento insorgono - è la vera parola -fra l'opera in progetto e chi la sta progettando; rapporti che, se obbediti - eccoci al punto - conducono vantaggiosamente, e difilato, a visioni generali e lucide sulla architettura. Ho detto «vantaggiosamente» perché questi rapporti tendono felicemente a rendere gli architetti subordinati all'opera, ad obbedirle, il che, si sappia, è più che mai favorevole alla buona architettura, la quale allora si va manifestando sia dalle esigenze che esprime l'opera stessa, quanto nello spirito degli architetti. Mi sono riferito nell'orientare su questa via i miei pensieri, anche all'edificio Pirelli, perché esso me li va ancora una volta confermando e chiarendo, attraverso l'episodio che noi tutti suoi progettisti andiamo vivendo. Le ore più belle dedicate a questo edificio sono quelle che ci raccolgono tutti (non è vero Valtolina e Dell'Orto, Fornaroli e Rosselli, Nervi e Danusso?) a ragionare attorno ad esso, ed è (e sarà) l'edificio a renderci sempre tutti concordi"[6].

Restaurare il Grattacielo Pirelli è stato innanzitutto studiare e conoscere un'opera fondata sulle ragioni che Ponti stesso descrive, basata su pochi e semplici dispositivi che mettono in opera l'architettura dell'edificio. Il grande basamento affacciato su piazza Duca d'Aosta, il piazzale collina che collega la quota della strada con il piano degli ingressi di rappresentanza, determina un piano inclinato, una "modellazione del suolo", utile a superare non solo il dislivello, ma strategico per abitare gli ampi piani seminterrati destinati agli spazi ed alle funzioni collettive. Alle spalle gli ingressi agli uffici sono caratterizzati da un sistema di edifici bassi, in cortina, una quinta palazzata, che segue la morfologia della strada, via Filzi, coperti con tetti piani allestiti con il prato. Questo particolare della cura del tetto è ancora più evidente sul piazzale collina, dove, un disegno dalle geometrie serrate in ceramica e gomma, dà chiarezza di quanto Ponti avesse consapevolezza che costruire un edificio alto impone la cura e la definizione di ciò che rimane sottoposto a tale altezza. Al centro di questo sistema che forma l'attacco a terra della torre, si sviluppa la parte alta dell'edificio, che misura 130 m di altezza e 31 piani, sostenuto da quattro elementi strutturali, due grandi setti e due grandi piloni cavi, le punte, che sagomano l'assetto tipologico

---

5. V.Corvino, M. Crippa, G. Multari, R. Sarno, il restauro del grattacielo pirelli, Skira Editore, Milano 2007
6. G. Ponti, ascoltare l'edificio in Amate l'Architettura, pag 254 -259, Società Editrice Cooperativa CUSL 2004 Milano 2004

significant case, at the turn of the century and the millennium, regarded the restoration of the Pirelli skyscraper in Milan[5]. The Regione Lombardia decided to announce two competitions for the most significant areas of the building designed by Gio Ponti and Pierluigi Nervi, the 31st floor and the auditorium. The case twists after the plane crash in 2002: on the 18th of April a light aircraft hits the main façade of the building, killing three people. The discussion on the restoration of one of the most emblematic buildings of Milan promptly spreads: the skyscraper is the example of the polytechnic culture that rebuilt Milan after World War II with a great invention ability and a specific attention to a masterly constructive tradition. In his Amate l'Architettura, Ponti establishes a dialogue with his building, and writes: I often say: "obey the building" (i.e. architecture). This takes me deep into a subject that is dear to me, to consider the really exciting nature of these singular relationships that at some stage arise –that's the word– between the in-progress work and the designer; relationships which, if obeyed –this is my point– take conveniently and straight to general and lucid visions on architecture. I said «conveniently» because these relationships happily tend to make architects dependent from the work, to obey it. Times are now more than ever favourable for good architecture, that then shows itself both in the needs expressed by the work, both in the spirit of architects. I chose this path for my thought, also for the Pirelli building, because it clarifies and confirms them to me through the episode that all us designers are living. The best times dedicated to this building are the ones spent together (isn't it true, Valtolina and Dell'Orto, Fornaroli and Rosselli, Nervi and Danusso?) discussing about it, and the building is (and it will be) to let us find an agreement"[5].

Restoring the Pirelli skyscraper meant studying and analyzing a work founded on the very same reasons described by Ponti, based on a few simple elements that compose the architecture of the building. The large base on piazza Duca D'Aosta, the gentle slope that connects the street level to the main entrance defines a inclined plane and a "modelling of the ground" that not only bridges the height gap, but also allows collective spaces and functions to find place in the levels below grade. The entrances to the offices, at the back, show a system of short buildings in a row, like a wing made of buildings that follows the direction of via Filzi, covered with a green flat roof.

This particular care for the roof becomes even more evident on the sloped square, where a tight ceramics and rubber geometry clarifies the level of awareness Ponti had: building a high-rise requires a particular care for what is below that height. The body of the building, that rises 130 meters by 31 floors, develops from the middle of this system. It has four elements that bear the structural load: two large walls and two large hollow pillars –the tapered elements– that give shape to the plan layout. A very classic plan scheme with the services centrally located, according to the conventional rules for high rises, hosts offices on the upper levels, all served by a central lit circulation system. The building top floor observatory is protected by a thin concrete roof that not only marks the very top of the structure, but is also a storage area for the devices used for the curtain wall façades maintenance. This description of Ponti's project main themes corresponds to the actions of the restoration projects, starting from the work on the aluminum/glass curtain wall façades. The used language is perfectly recognizable and is that of the original work, the constant reference model for measure, dimension, rules and materials. The demanding philological operation helped in keeping the whole process of construction under control, while little targeted actions were the "new" elements in a project that provided continuous answers to our many questions, both during the design phase and during the actual construction. The auditorium, the re-organized entrance system, the renewal of the council hall, the 26th floor that bears the memory of

---

5. V.Corvino, M. Crippa, G. Multari , R. Sarno, il restauro del grattacielo pirelli, Skira Editore, Milano 2007
6. G. Ponti, ascoltare l'edificio in Amate l'Architettura, pag 254 -259, Società Editrice Cooperativa CUSL 2004 Milano 2004

della pianta. Il più classico degli schemi, un corpo triplo con i servizi al centro, secondo regole convenzionali e proprie della costruzione verticale, distribuisce ad ogni piano gli uffici serviti da un ballatoio centrale illuminato. La grande altezza si conclude con il piano belvedere, protetto da una aureola in calcestruzzo, che segna il coronamento dell'intera struttura, assolvendo anche un compito, quello di ospitare la navicella, utile alla manutenzione delle facciate. Questa descrizione, dei principali temi del progetto di Ponti, coincide perfettamente con quanto il progetto di restauro ha messo in opera a partire dal restauro delle facciate in alluminio e vetro, attraverso un registro perfettamente riconoscibile, quello della originaria opera, la cui misura, dimensione, regole e materiali hanno rappresentato incessantemente il modello di riferimento. Nella faticosa esperienza filologica, che ha avuto lo scopo di tenere sempre sotto controllo il grande libro della costruzione, poche e mirate azioni di messa a sistema hanno rappresentato il "nuovo" in un progetto che ci dava continue risposte alle tante domande, sia nel tempo della riflessione progettuale, che nel tempo della verifica della costruzione. L'auditorium, la riorganizzazione degli accessi, il rinnovamento dell'aula consiliare, il piano della memoria, il 26°, lì dove si verificò l'incidente aereo, rappresentano gli elementi di collegamento della narrazione di un progetto che, al pari di un lavoro di archeologia, ha "portato alla luce" le tracce, i materiali, le misure, le soluzioni, le corrispondenze di un'opera, a nostro avviso, paradigmatica. Una invenzione, come lo stesso Ponti amava dire, un'opera essenziale, il cui valore e la cui espressione sono, ancora oggi, attuali.

Da questa vicenda sono trascorsi dieci anni, gli anni che, il volume l'Esperienza dell'Architettura, raccoglie e descrive, attraverso una selezione di sei progetti. Progetti difficili, in anni di grandi cambiamenti, di molti progetti disegnati e non ancora realizzati, per i quali abbiamo fortemente dibattuto, per mettere in opera quella "scrittura" e quella "sintassi", che il nostro lavoro di progetto e costruzione dell'architettura ha sempre reso evidente e che ci è stato spesso riconosciuto.

Il concorso per la chiesa di Dresano in provincia di Milano[7], che si sta completando mentre stiamo concludendo questo lavoro editoriale, è, fra queste sei opere, quella che, probabilmente, per una serie di ragioni, raccoglie un po' il registro di quella strategia dell'ordine cui facevamo riferimento nella nota introduttiva e prova a scrivere una pagina significativa sulla nostra architettura e sulla esperienza della costruzione. Per la particolarità di essere una chiesa, un tempio, un luogo di culto, questo progetto ha messo in opera un ragionamento disciplinare, una ricerca sulla forma, una messa a punto di un modello ideale, rispetto alle condizioni specifiche poste dal sito. Una forma di pensiero che potremmo definire "razionalista" che Giorgio Grassi così teorizza: " … proprio per il significato particolare che assume la scelta analitica in questo caso nell'aperta finalità di raggiungere un criterio di certezza e di esprimere elementi costanti e generali, proprio per quel coincidere caratteristico di analisi e progetto nel comune fine conoscitivo: l'architettura viene definita dalla sua stessa caratteristica di "costruzione", cioè di "procedimento" secondo un ordine logico delle scelte ….. essa esprime una scelta che si compie sul "senso" delle forme, sui "tipi", sull'ordine con cui questi si presentano"[8]. Un punto di vista chiaro sulla costruzione della architettura a cui riferirsi in presenza di un compito così speciale come è quello della costruzione di una Chiesa. Il complesso parrocchiale di Dresano definisce la costruzione della Chiesa secondo i criteri della composizione architettonica, nella giustapposizione di parti archetipe, l'aula liturgica ed i locali di ministero, che determinano un organismo planimetricamente definito su una geometria descrittiva dei due spazi e delle relazioni tra di essi. Un impianto tutto impostato sul tipo ad aula e chiostro, il cui perimetro, corrispondente al rettangolo allungato di 1/3, definisce un limite, una soglia tra la costruzione e l'attacco al suolo. La costruzione di questo edificio riflette la peculiarità

---

7. V. Corvino, G. Multari, nuovo complesso parrocchiale Madonna delle grazie in Nuove Chiese Italiane, 21 progetti in Concorso, Casabella 785, Milano dicembre 2009
8. G. Grassi, prefazione in la costruzione logica della architettura, pag 7-8, Marsilio Editori, Venezia 1967

the plane crash, are the elements that connect the narration of a project that, like an archeological operation, brought to light the traces, the materials, the sizes, the solutions and the correspondences of a paradigmatic (in our opinion) opera. An invention, as Ponti liked to say, an essential work the value and the expression of which are, nowadays, still current.

Ten years have passed since this project, and these years are told by the Esperienza dell'Architettura volume through a selection of six projects. Difficult and debated projects, many of them not built yet, that aim to implement that "writing" and that "syntax" that our design and construction work always makes evident, that lead to several acknowledgements.

The competition for Dresano church[7], near Milan, currently under construction while we complete this volume, is the one project, among the six presented here, that probably recalls the level of that strategy of order mentioned in the introduction and tries to write a significant page about our architecture and about the experience of construction. Being a church, a temple, a place of worship, this project implemented a reasoning, a form-finding process and the definition of an ideal model according to the conditions defined by the site. A form of thought that one might define as "rational", theorized as follows by Giorgio Grassi: " [...] precisely for the particular meaning the analytical choice assumes in this case, in the open purpose to reach a certainty parameter and express constant and general elements, precisely because of that peculiar coincidence between analysis and design with knowledge as the common aim: architecture is defined by its own characteristic of "construction", that's to say of "procedure" that follows a logical order of choices [...] it expresses a choice that is fulfilled on the "meaning" of the forms, on the "types" and on the orders in which they present themselves"[8]. A clear point of view for the construction of architecture, to keep as reference in case of such a special assignment as the construction of a Church. Dresano parish complex defines the construction of the Church according to the rules of the architectural composition. It puts archetypical parts –the church hall and service spaces– next to each other, creating an organism defined by the geometry of the two spaces and by the relations between them. A layout designed around the hall and cloister types, the perimeter of which –extended by 1/3– defines a limit, a threshold between the construction and the connection to the ground. The construction of this building reflects the peculiarity of the formal choices, in a definite system of actions and correspondences that fit the volumes and the functions together, in a system that makes the liturgy spaces, the passage spaces, the community spaces recognizable: materials for the project.

The Church, dedicated to the Madonna delle Grazie is, above all and as already said, a construction. A construction grounded on the rules of architecture, arranging the elements of its own composition with objective parameters. The round-shaped hall is defined by two cylindrical volumes one fit into the other, that rise to collect light through a sort of impluvium that lightens the prayer space. The plan has a central layout that arranges the entrance, the faithful, the altar and the cross on the main axis, enriched by the work of Nino Longobardi that marks the two points of this path: the entrance and the cross. On the side of this centrally-arranged part, a low rise building merged with the hall and the pronao is located: a small cloister surrounded by the community spaces, the services, and the house of the parish. As in the project for Rivocati, the value and the meanings of the material return to the construction: the connection to the ground by means of the long series of iron-oxide pigmented concrete elements and white plaster, an unique material able to give an interpretation to the sequence of volumes.

7. V. Corvino, G. Multari, nuovo complesso parrocchiale Madonna delle grazie in Nuove Chiese Italiane, 21 progetti in Concorso, Casabella 785, Milano dicembre 2009
8. G. Grassi, prefazione in la costruzione logica della architettura, pag 7-8, Marsilio Editori, Venezia 1967

delle scelte formali, in un definito sistema di corrispondenze e di azioni che "incastrano" i volumi e con questi le funzioni, in un sistema che nell'unità, rende riconoscibili i luoghi della liturgia, i luoghi di passaggio, i luoghi di una comunità: materiali del progetto.

La Chiesa, titolata alla Madonna delle Grazie, è prima di tutto e, come detto, costruzione. Una costruzione fondata sulle regole dell'architettura che dispone, con un criterio oggettivo, gli elementi che compongono la costruzione stessa. L'aula di forma circolare è definita da due volumi cilindrici, incastrati l'uno nell'altro, che si elevano per raccogliere la luce, con un dispositivo ad impluvio, che diffonde lo spazio della preghiera. La pianta corrisponde a questa disposizione con uno schema ad aula centrale che colloca sull'asse principale la porta, i fedeli, l'altare e la croce. Asse che si arricchisce del lavoro di Nino Longobardi che misura due punti di questo percorso: la porta e la croce. Lateralmente a questa centralità del progetto si dispone un corpo basso che si fonde con l'aula e con tutto lo spazio del pronao. Un piccolo chiostro attorno al quale si animano i luoghi della comunità, i servizi, la casa del parroco. Torna ancora nella costruzione, come nel progetto dei Rivocati, il valore ed il significato dei materiali che definiscono l'attacco al suolo con la lunga teoria intrecciata di calcestruzzo pigmentato all'ossido di ferro e l'intonaco bianco, materiale unico, da solo capace di dare interpretazione alla sequenza volumetrica.

Mentre questo cantiere si sta concludendo, la scrittura aiuta a fare ordine nel processo, nei pensieri, nel ragionamento. Una scrittura che segue il pensiero e l'azione ma che è consapevole del fare architettura, della complessità, dell'impegno, della sofferenza, che corrispondono a fare questo mestiere. Un mestiere che, come detto, non può venir meno ad alcune tecniche e ad alcuni saperi senza i quali non potrebbe mai definire lo scopo del suo operare. Una continua sperimentazione ed una ricerca che non può essere confinata ma, al contrario modula il tempo della costruzione, il tempo della scrittura, il tempo del confronto. Tempi in cui è chiaro che la principale esperienza è quella dell'apprendimento. Un apprendimento che è, senza dubbio, il principale esercizio da "praticare" e che ci aiuta a mantenere una "distanza".

Ritornano così le parole di Rafael Moneo che, sempre nel suo discorso alla Graduate School of Design della Harvard University, chiamato lì per insegnare concludeva: "… nel nostro lavoro, una distanza naturale ci separa dall'opera; questa distanza dovrebbe essere sempre conservata, specie quando i nostri pensieri iniziano a materializzarsi in un progetto. Mantenere questa distanza è riconoscere la realtà dell'architettura; ma è anche la pre-condizione per iniziare un progetto. L'architettura comporta una distanza tra la nostra opera e noi, di modo che alla fine l'opera rimane sola, indipendente, una volta acquisita consistenza fisica. Il nostro piacere sta nella esperienza di questa distanza, quando vediamo il pensiero sostenuto da una realtà che oramai non ci appartiene più"[9].

Trasmettere tutto questo è molto importante, soprattutto per recuperare una fiducia nell'architettura, nella sua pratica, nel suo essere una disciplina che non dobbiamo mai smettere di studiare, alimentando la nostra ricerca attraverso il confronto con le più giovani generazioni il cui percorso formativo non può fare a meno della Esperienza della Costruzione.

---

9. R.Moneo, la solitudine degli edifici in la solitudine degli edifici ed altri scritti, pag 160, Umberto Allemandi & C. Editore, Torino 2004

While this construction comes to an end, writing helps to put order into the process, the thoughts, the reasoning. Writing follows thought and action, but is well aware of the making of architecture, of the complexity, the effort and suffering of this discipline that, as already said, can't dismiss certain masteries and techniques that help defining the aim of its actions. This continuous experimentation and research cannot be confined but, on the contrary, modulate the time of construction, the time of writing, the time of discussion. It is clear now that the main experience is learning, that is undoubtedly the most important "practice" that helps us keeping a "distance".

So the words by Rafael Moneo from his presentation lecture at Harvard University Graduate School of Design return: "In our discipline a natural distance separates us from our work; this distance should always be maintained, especially when our thoughts start to be materialized in a project. To keep this distance is to acknowledge architectural reality, but it is also the precondition for beginning a project. Architecture implies the distance between our work and ourselves, so that in the end the work remains alone, self-supported, once it has acquired its physical consistency. Our pleasure lies in the experience of this distance, when we see our thought supported by a reality that no longer belongs to us."[9]

Passing this teachings on is very important, above all to recover faith in architecture, in its practice, in its being a discipline we should never stop studying, nourishing our research with a discussion with the younger generations, the education of which cannot do without the Experience of construction.

---

9. R.Moneo, la solitudine degli edifici in la solitudine degli edifici ed altri scritti, pag 160, Umberto Allemandi & C. Editore, Torino 2004

Recupero del Quartiere Militare Borbonico, Casagiove, Caserta, 2004 – 2009

Restauro del Grattacielo Pirelli, Milano, 2001 – 2002

PROGETTI
PROJECTS

2009

Progetto M.U.S.P.
Moduli ad uso scolastico provvisorio
M.U.S.P. Project, Temporary school modules
L'Aquila

La Cartiera: Centro Integrato
per l'Artigianato ed il Commercio
La Cartiera: Integrated centre
for Commerce and Crafts
Pompei

2012

Restauro del "Mercato Coperto"
in Via Emilia S. Pietro
Restoration of the "Indoor Market"
on Emilia S. Pietro street
Reggio Emila

2013

Nuova Scuola Elementare
New elementary school
Carate Brianza

24 alloggi in zona PEEP
24 Apartments in PEEP area
Quarto

2014

Nuovo Complesso Parrocchiale
New Parish Complex
Dresano

2016

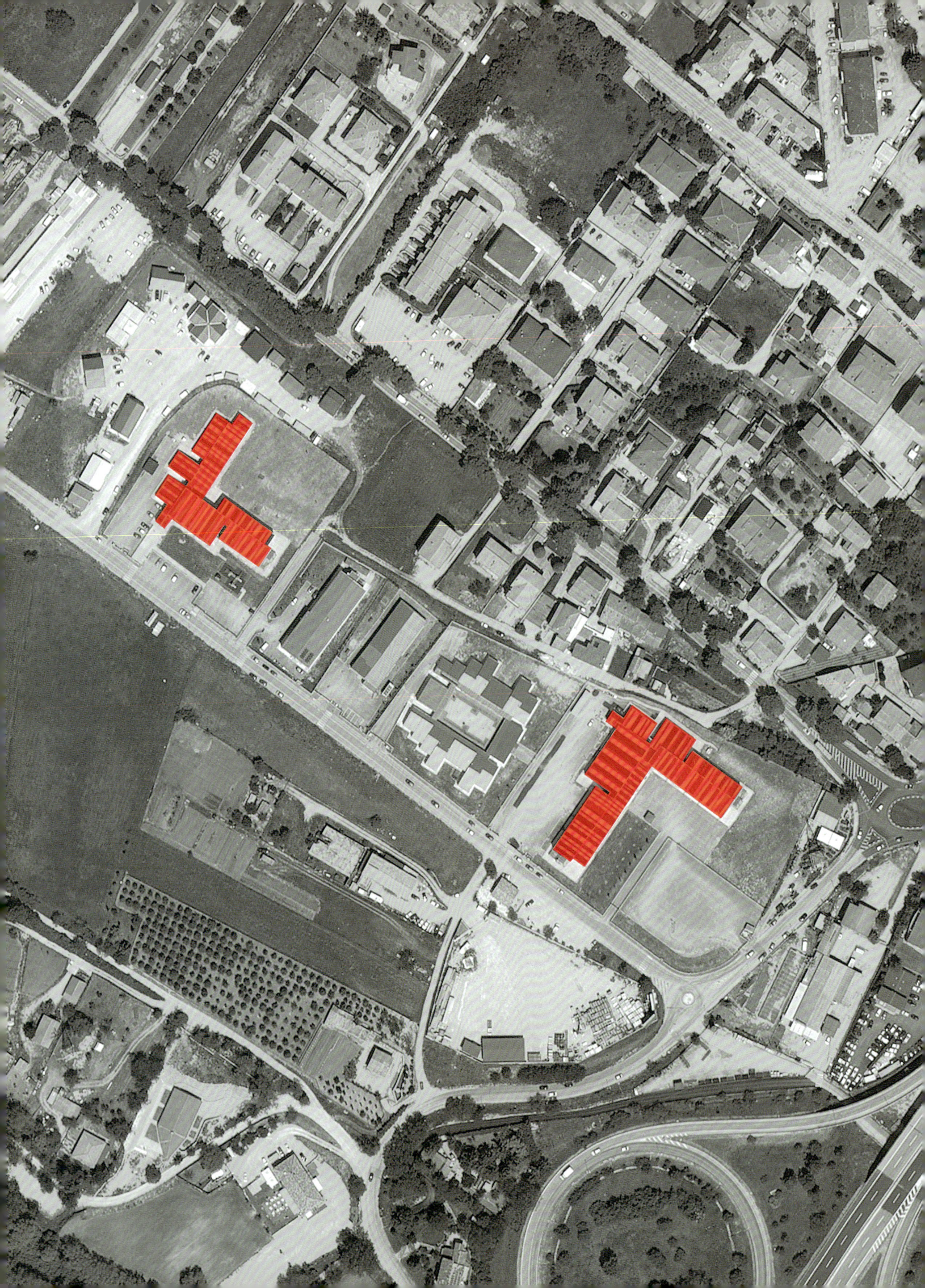

Progetto M.U.S.P.
Moduli ad uso scolastico provvisorio
M.U.S.P. Project,
Temporary School Modules

MODULO_ARCHITETTURA | **MODULES_ARCHITECTURE**

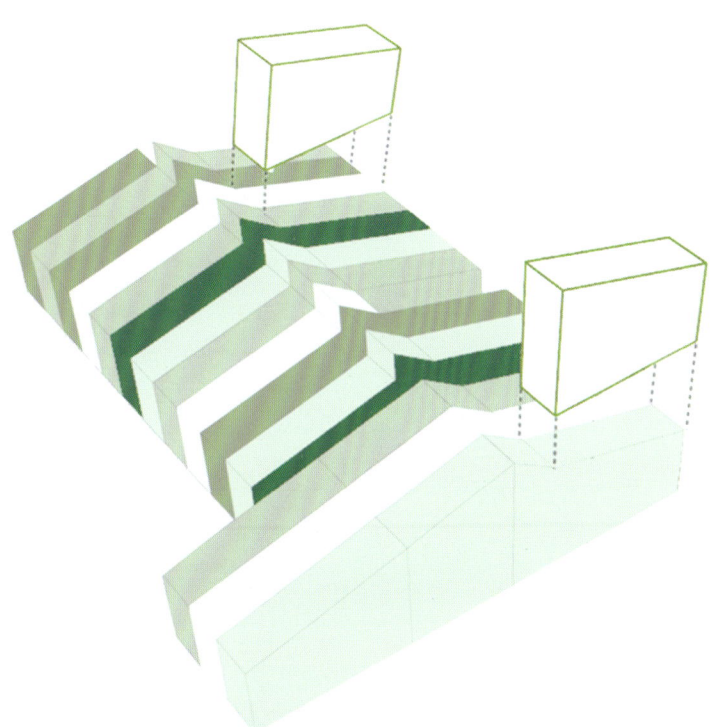

Modularità, assemblabilità, riconoscibilità, sostenibilità e sistema di prefabbricazione, sono i temi del progetto temporaneo inteso come montaggio di volumi base che formano una architettura di servizio.
Spazi definiti da misure regolate da processi industriali e logistici che formano la costruzione di un programma autonomo, indipendente, che si colloca nel paesaggio come ambiente a sostegno dell'emergenza.

Modularity, the possibility to assemble and to be recognizable, sustainability and prefabrication are the themes of temporary projects meant as an assembling procedure of basic modules into a service architecture. Industrial and logistic processes provide sizes that define spaces and create an independent and autonomous program that becomes part of the landscape as an environment for emergency.

L'Aquila, 2009

Lotto 20: vista da sud/Block 20: South view

L'edificio formato da una maglia in acciaio, la struttura, e da pannelli modulari autoportanti, l'involucro, definisce l'intero organismo costruttivo che viene interamente realizzato in officina e montato a secco, in cantiere. Tale sistema produce misurate articolazioni spaziali e funzionali generate dalla prefabbricazione, essenziale nella soluzione di interventi a sostegno di una emergenza territoriale ed in grado di contenere i tempi di realizzazione e, allo stesso tempo, di garantire un equilibrato rapporto energia-ambiente, che favorisce soluzioni architettoniche capaci di adattarsi ai luoghi di destino. I lotti, localizzati in aree diverse, con programmi variabili dalla scuola dell'infanzia fino alla scuola secondaria, e il sistema di prefabbricazione ideato e scelto, hanno favorito l'adattabilità dei differenti programmi in funzione delle aree assegnate. Tema centrale è quello della flessibilità come metodologia di costruzione del progetto: un organismo composto da moduli, aggregabili sia in piano che nello spazio, in differenti possibili tipologie, anche su due livelli se necessario, e con la possibilità di adattarsi eventualmente anche a terreni predisposti su terrazzamenti. La Scuola, nel suo complesso, accoglie il programma funzionale nel rispetto delle esigenze "abitative e di uso", con scelte distributive e architettoniche che danno riconoscibilità individuale agli elementi che lo compongono.

The building formed by a steel structure and an external cladding made of modular self-supporting panels creates a whole organism that is entirely pre-fabricated and dry-assembled on site. This system brings mild spatial and functional articulations commanded by prefabrication, a practice that becomes essential in dealing with emergencies thanks to its rapid construction times. At the same time, it also ensures a balance between energy and environment, allowing architectural solutions that are able to adapt to the context. The lots, located in different areas and with different functions –from elementary to high school– and the ad-hoc designed prefabrication system allowed the different programs to be adapted to the designated areas. The central theme here is flexibility as a method for the construction of the project: an organism composed by modules that can be combined both on a plan and in the space in different typologies –also with two storeys, if necessary– suitable for terraced terrains. The school welcomes the functional program respecting the "dwelling and usage" necessities, making its elements recognizable by means of distributive and architectural solutions.

Planimetria generale/General plan; Il corpo delle aule: prospetto/The classrooms block: elevation; Il modulo mensa: prospetto/The refectory module: elevation

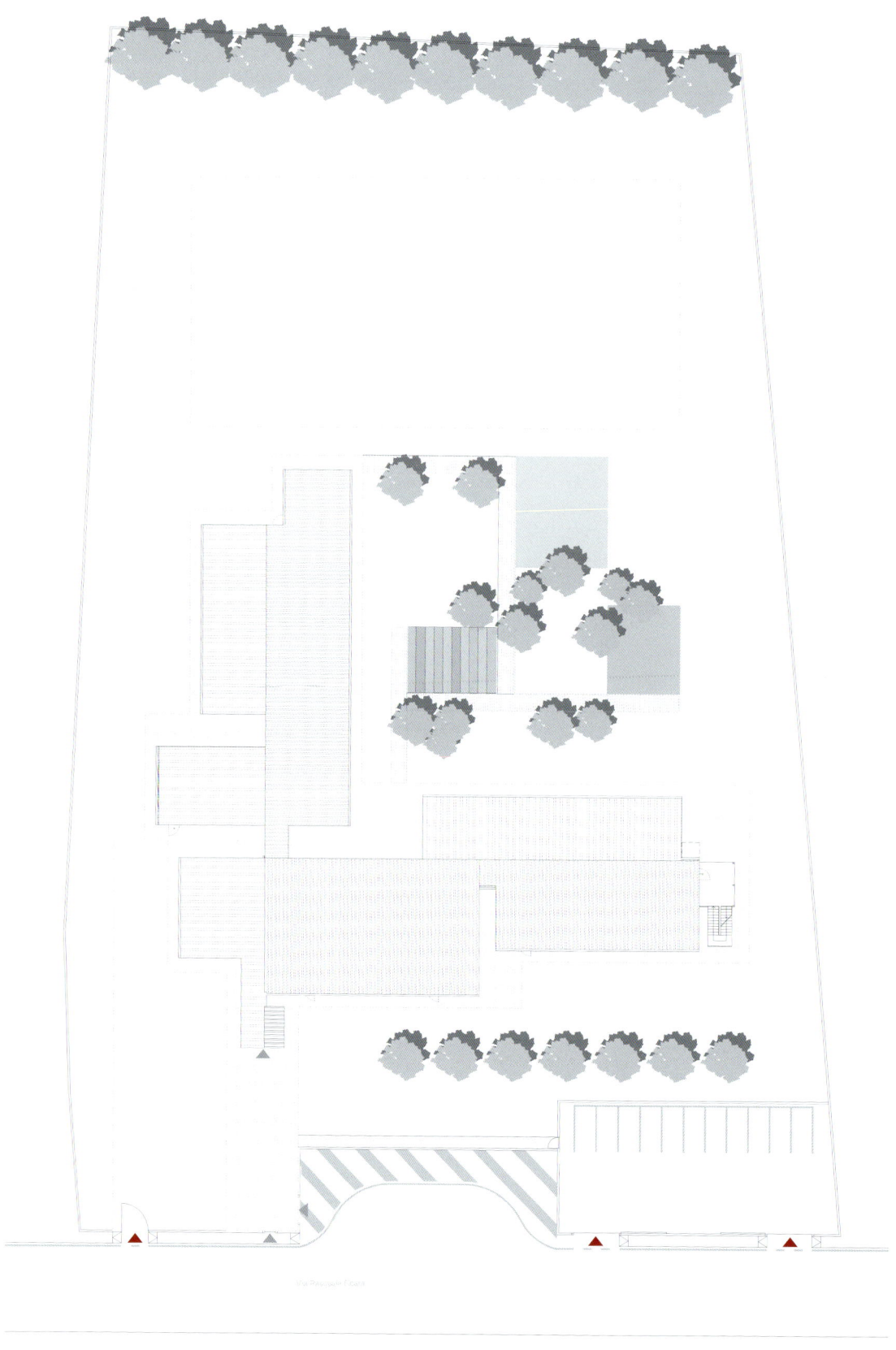

Planimetria generale/General plan; Il corpo delle aule: prospetto/The classrooms block: elevation; Il modulo mensa: prospetto/The refectory module: elevation

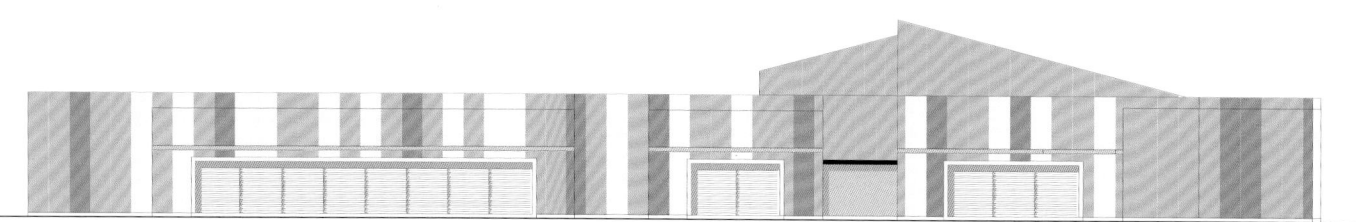

PROSPETTO OVEST

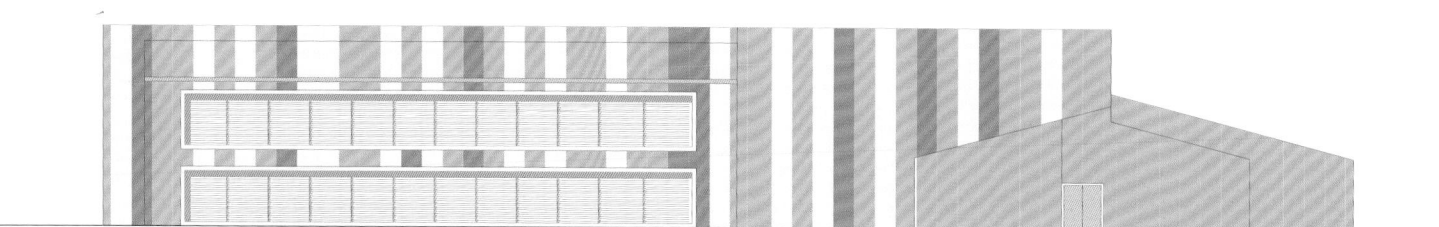

PROSPETTO NORD

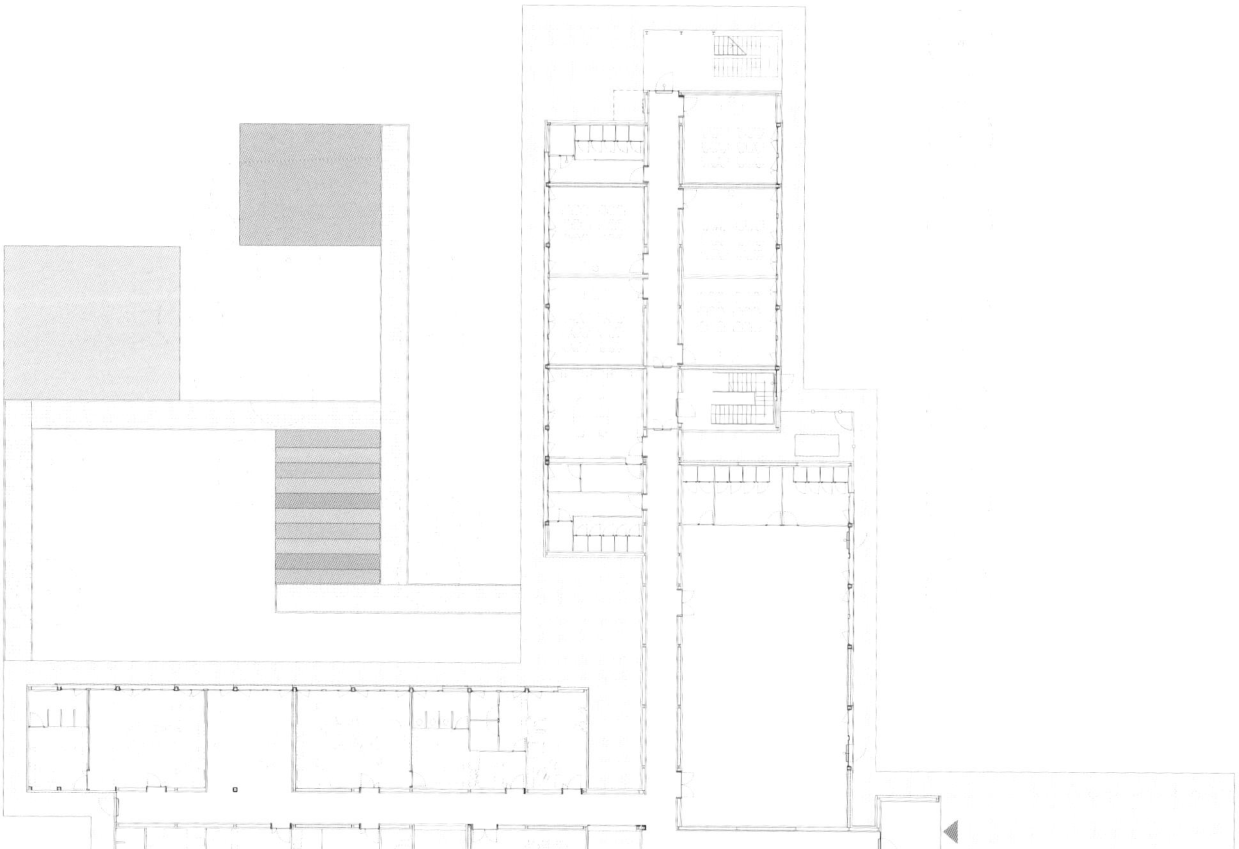

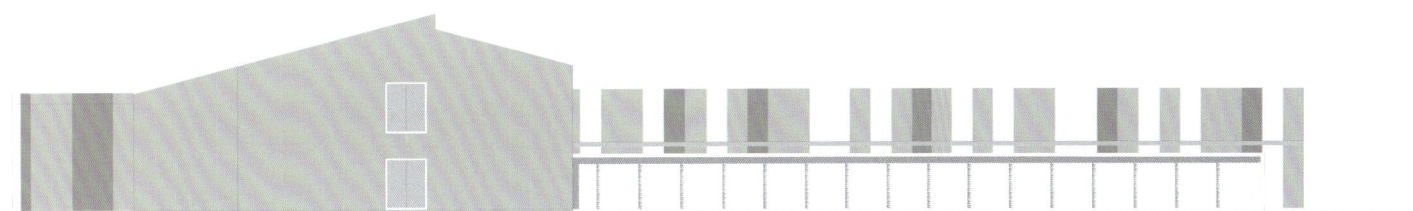
PROSPETTO EST

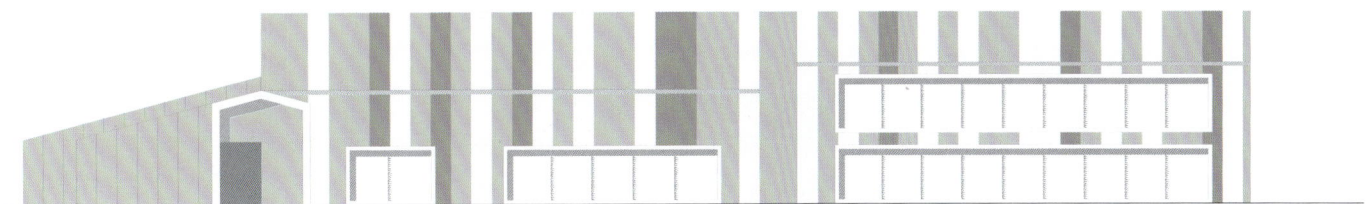
PROSPETTO SUD

Prospetti Ovest e Nord/West and North elevations; Pianta piano terra/Ground floor plan; Prospetti est e sud/East and South elevations; Lotto 10: vista da sud ovest/Block 10: South-West view

I collegamenti orizzontali/Horizontal connections; La mensa/The refectory; Scala di siscurezza/Emergency stairs

La composizione dei moduli funzionali: dettaglio/The composition of the functional modules: detail; Immagini di cantiere: gli esterni/Building site images: outdoor; Immagini di cantiere: gli interni/Building site images: indoor; Dettagli costruttivi/Constructive details

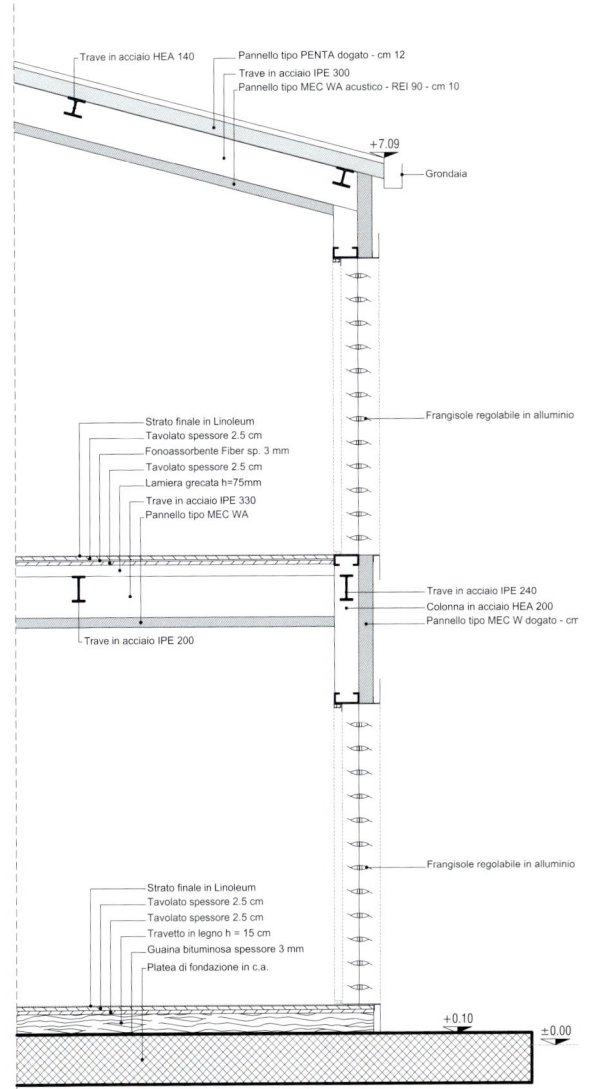

PROGETTI | PROJECTS | 53

Lotto 10: vista da nord est / Block 10: North-East view

La Cartiera: Centro Integrato per l'Artigianato ed il Commercio
La Cartiera: Integrated Centre for Commerce and Crafts

PAESAGGIO_ARCHITETTURA LANDSCAPE_ARCHITECTURE

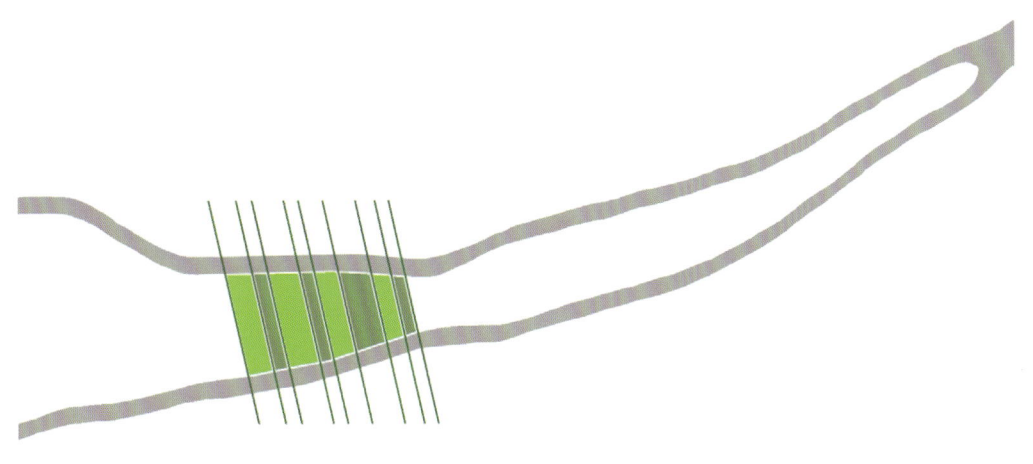

Il paesaggio mette in opera l'architettura che fa interagire le tracce, naturali e antropiche, con la densità di un programma che progetta l'esistente, riconoscendo la misura di maglie che la natura ha sedimentato e sedimenta nella geografia dei luoghi. Un edificio-parco, che definisce la dimensione del paesaggio fluviale, costruendo un preciso sistema di relazioni. Nuovi margini che attraggono i flussi e le dinamiche di questo territorio all'interno di uno spazio da abitare, che si adatta ai nuovi usi, colloca le nuove funzioni e conserva la memoria della storica fabbrica della carta.

The landscape gives life to architecture that allows the interaction between the natural and man-made traces and a dense program that shapes what exists. It recognizes the scale of the tissue that nature laid in the geography of places. A park-building that defines the scale of the river landscape with a definite system of relationships. It creates new edges that convey flows and dynamics into a space to inhabit, that adapts itself to new usages, gives location to new functions and yet preserves the memory of the historic paper factory.

Pompei, Napoli 2012

Volo d'uccello: vista da sud/Bird's eye view from Southview

Volo d'uccello: vista notturno da sud est/Night time Bird's eye view from South-East from Southview

Il progetto della nuova Cartiera - Centro Integrato per l'Artigianato ed il Commercio definisce un edificio-paesaggio, che si apre al suo contesto e registra una nuova centralità per la città di Pompei. Un edificio, lo stabilimento ex ATICARTA, disteso lungo la sponda destra del fiume Sarno, nel tratto compreso tra la Traversa di Scafati e la foce, in un'area delimitata dallo stesso fiume a sud e dal Canale Bottaro a nord. Un luogo che si pone come margine e avvia le condizioni per la rigenerazione di un contesto industriale capace di garantire una adeguata sostenibilità ambientale. Un luogo permeabile che definisce i nuovi limiti, i nuovi bordi che mettono in opera flussi e dinamiche millenarie di questo territorio in uno spazio da vivere, da attraversare, da abitare. Il profilo delle serre e i grandi coils di carta, prodotti dalla fabbrica, vengono assimilati dal progetto come la memoria di forme sedimentate nel tempo che l'edificio interpreta assegnando ad un generale involucro il sistema di riconoscibilità ed unità della architettura, all'ombra del quale un unico grande edificio si poggia sul suolo, in una naturale vocazione dello spazio, del paesaggio e della loro relazione. La Cartiera diventa un luogo in cui trovare spazi per l'intrattenimento, lo shopping, la produzione artigianale e la ristorazione intesi come luoghi pubblici di aggregazione inseriti in una rete di infrastrutture esistenti, l'autostrada, la viabilità primaria e la viabilità locale, che favoriscono l'accessibilità degli utenti del parco fluviale e delle nuove attività disposte e collocate. Temi centrali sono un grande spazio pubblico, flessibile e denso di vegetazione, generato dalla millenaria tradizione agricola di queste terre e la grande permeabilità dell'intero piano terra che solleva le funzioni e la logistica ad una quota che garantisce la collocazione di parte dei numerosi parcheggi e rende sicura l'intera area soggetta a possibili esondazioni dei due corsi d'acqua.

The project for the new Cartiera - Integrated centre for Commerce and Crafts defines a landscape-building that is open to the context and creates a new centrality for the city of Pompeii. The building formerly hosted the ATICARTA factory, and it lays on the north bank of Sarno river, in the area between the Traversa di Scafati and its mouth, enclosed by the river itself to the South and by the Canale Bottaro to the North. The area is a fully-fledged margin that lights the spark for the regeneration of an industrial context, pushing for environmental sustainability. It is also a very permeable place that defines new limits, new borders that give way to the flows and to the millenary dynamics of this territory in a place to live, to cross, to inhabit.

The skyline made of greenhouses and paper coils, the factory product, become part of the project as the memory of forms stratified through time. The building gives them a new interpretation, turning a generic cladding into something recognizable and unique in the shade of which a large building lays on the ground, naturally interpreting the space, the landscape and their relations. La Cartiera becomes a place for entertainment, shopping, crafts and food meant as public place for aggregation, included in an existing road network –the highway, the main roads and the local roads–that eases the access to the river park and to the new activities. The central themes are a large public space, flexible and rich in vegetation, inspired by the secular agricultural tradition of this areas, and a great permeability for the ground floor that, being raised from the ground level, allows not only the separation of parking spaces and logistic areas from the public, but also keeps the shopping centre safe in case of an overflow of the two rivers.

62 | ESPERIENZE DELL'ARCHITETTURA | EXPERIENCES OF ARCHITECTURE

Fronte sud: dettaglio/South elevation: detail; Prospetto sud/South elevation; La rampa di accesso alla food court/The acces ramp to the food court; Parco pubblico lungo il fiume Sarno, planimetria generale/Public park alongside the Sarno river, general plan; Nella pagina seguente; Fronte sud, il recupero della capriata metallica dell'ex capannone industriale/Next Page: South elevation, the restoration of the metal truss of the former plant

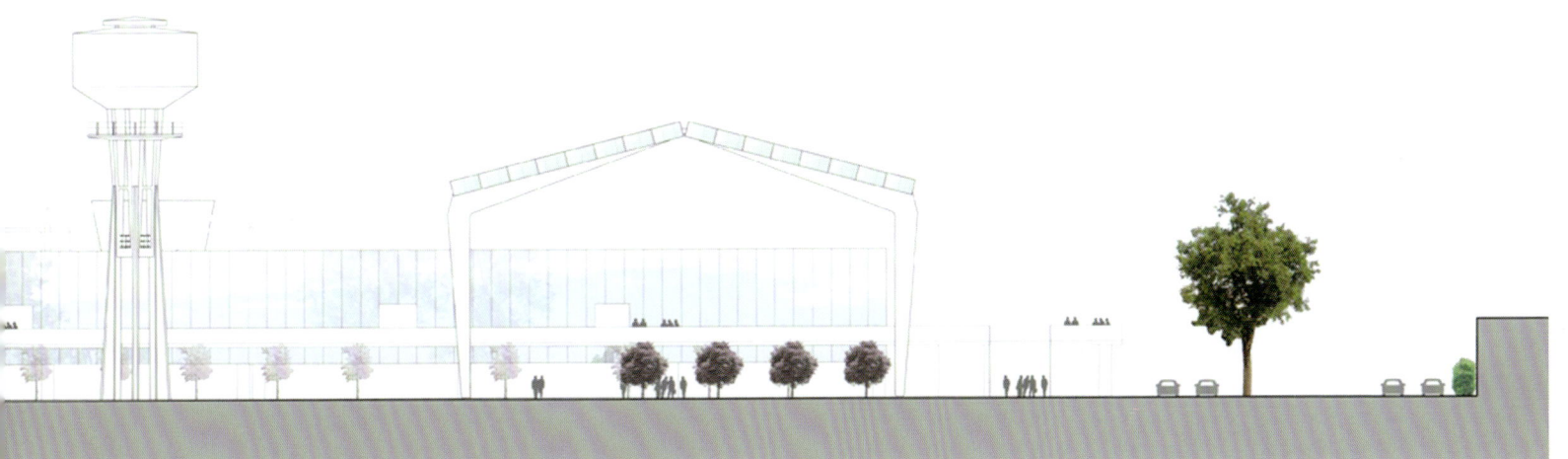

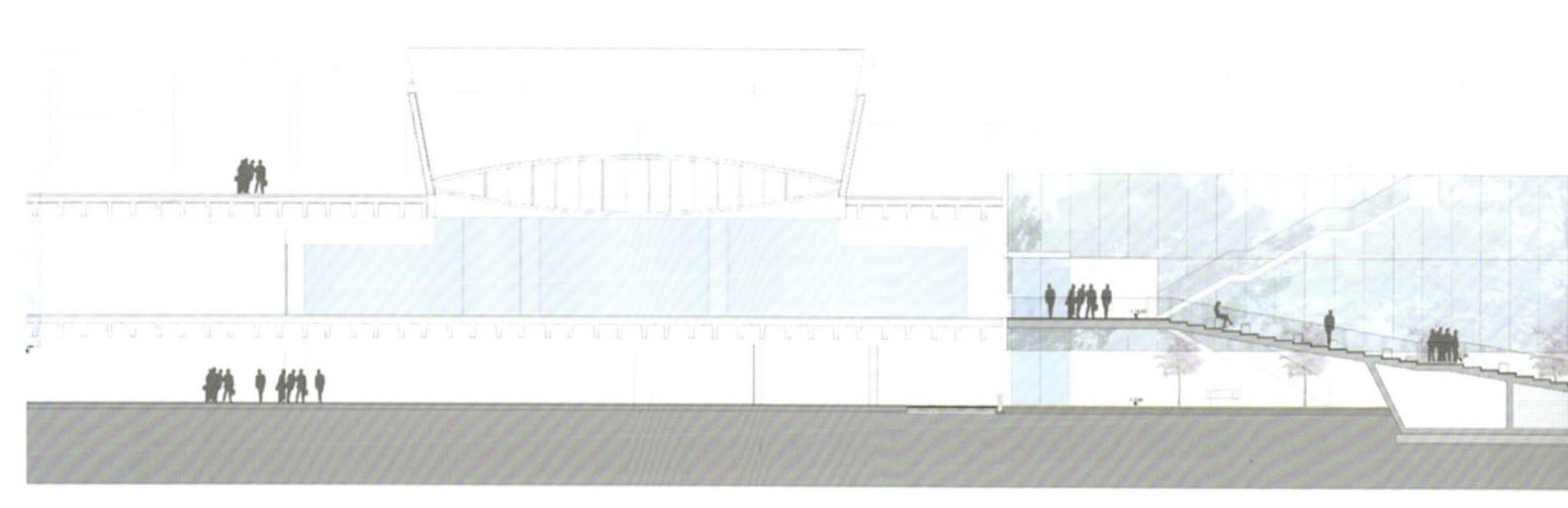

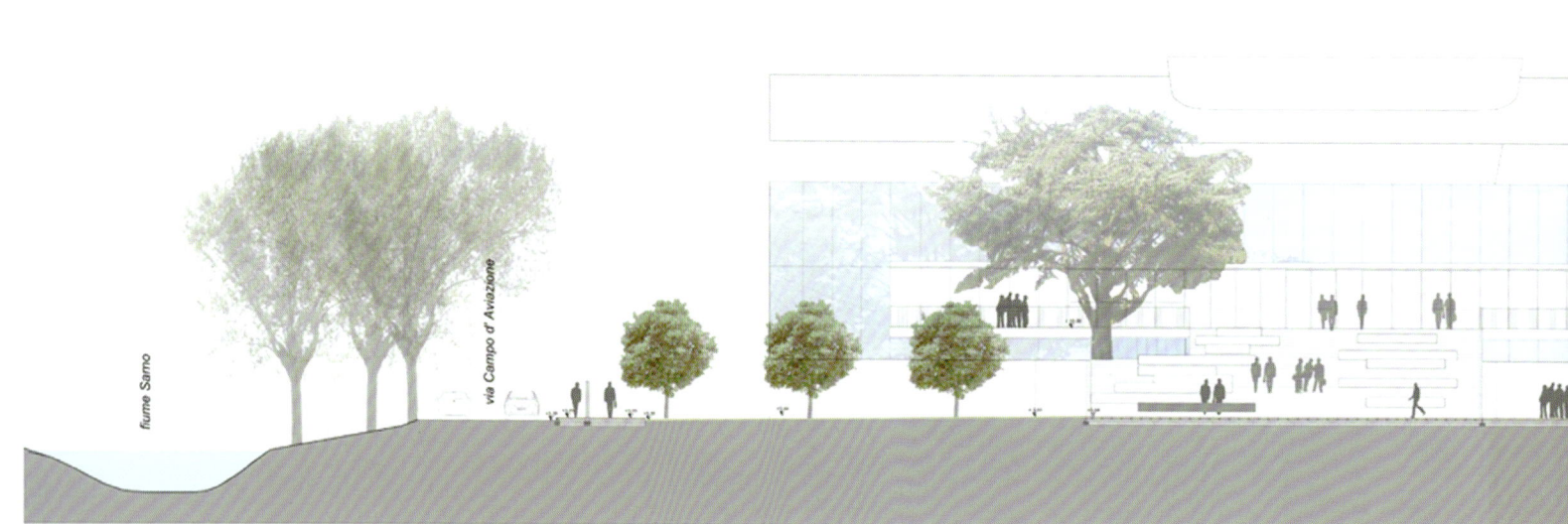

66 | ESPERIENZE DELL'ARCHITETTURA | EXPERIENCES OF ARCHITECTURE

Sezione A-A: la food court, la rampa di accesso, il parco pubblico/A-A Section: the fod court, the access ramp, the public park; Il fiume Sarno, il parco pubblico, il corpo della galleria commerciale/1-1 Sectio: the Sarno river, the public park, the shopping gallery block; Fronte sud: dettaglio/South elevation: detail

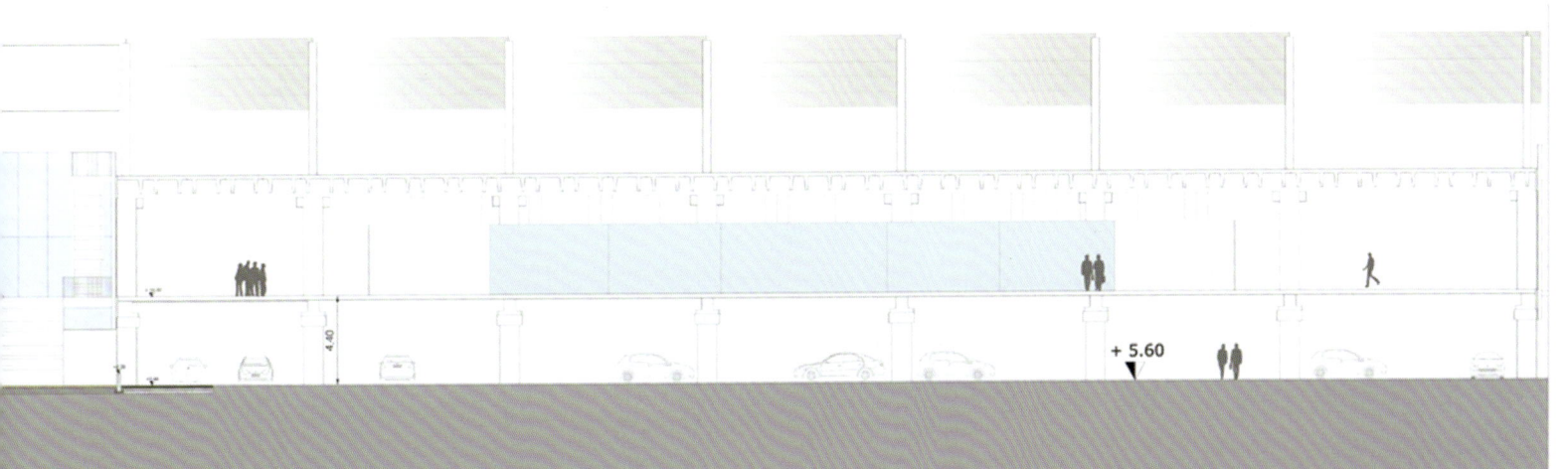

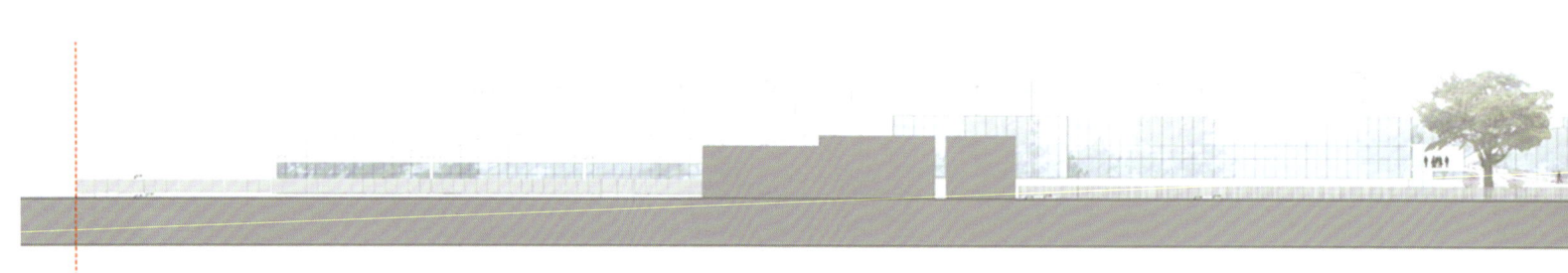

68 | ESPERIENZE DELL'ARCHITETTURA | EXPERIENCES OF ARCHITECTURE

Immagini di cantiere: la food court, il grande lucernaio della food court/Images from the building site: the food court, the large food court skylight; Prospetto sud/South elevation; Prospetto sud: vista dalla riva sinistra del Sarno/South elevation: perspective from the south bank of Sarno river; Fronte sud, parco pubblico lungo il Sarno: dettaglio della recinzione/South elevation, public park alongside Sarno river: detail of the fencing

PROGETTI | PROJECTS | 69

Il capannone recuperato: galleria/The recovered warehouse: the gallery; Pompei, Casa de Larario del Sarno: affresco/Pompeii, House of the Larario del Sarno: fresco; Il capannone recuperato: il cantiere/The recovered warehouse: the building site; Il capannone recuperato, illuminazione naturale: le coperture a shed/The recovered warehouse, natural lighting: the shed roofing

La galleria: integrazione di illuminazione naturale ed artificiale/The gallery: natural and artificial lighting integration; Pompei, Terme del Foro. Sezione maschile, caldarium/Pompeii, Foro thermal baths. Male section, calidarium; Galleria: il cantiere/The gallery: the building site; La galleria: integrazione di illuminazione naturale ed artificiale/The gallery: natural and artificial lighting integration

PROGETTI | PROJECTS | 73

Fronte sud, Il parco pubblico lungo il fiume Sarno/ South elevation, the public park alongside Sarno river

PROGETTI | PROJECTS | 75

Restauro del "Mercato Coperto" in Via Emilia S. Pietro
Restoration of the "Indoor Market" on Emilia S.Pietro Street

CITTÀ_ARCHITETTURA CITY_ARCHITECTURE

Ci sono luoghi nelle città che da soli rappresentano l'identità di un'intera struttura urbana. La città di Reggio Emilia ed il suo mercato coperto rendono chiara, in questo senso, la dimensione di questi rapporti, la cui misura mantiene le tracce della città di fondazione romana: all'incrocio tra il cardo e il decumano, il sedime della antica via Emilia. Il progetto di restauro assume la natura materiale delle strutture e dei luoghi, come sistema di relazioni che mette in opera l'autenticità dell'antico mercato, la cui memoria assume il ruolo di principale registro di un intervento sulla architettura che è un intervento sulla città. Una strategia sullo spazio pubblico che definisce, e allo stesso tempo svela, l'originario sistema di relazioni, di misure e di dimensione della città e delle sue architetture.

Some places can, alone, represent the identity of a whole urban structure. The city of Reggio Emilia and its indoor market clarify the scale of this relationship, preserving the traces of the roman foundations and, where the ancient decumano and cardo cross, the footprint of the ancient Via Emilia. The restoration project takes the natural matter of the structure and of the places as a system of relations that pervades the authenticity of the ancient market, the memory of which becomes the main language of an architectural intervention that is also an intervention on the city. A strategy for the public space that defines —and reveals at the same time—the original system of relationships, of measures and dimensions of the city and its architectures.

Reggio Emilia, 2012

Prospetto sud/South elevation; L'ingresso su Via Emilia, S. Pietro/The entrance on Via Emilia, San Pietro

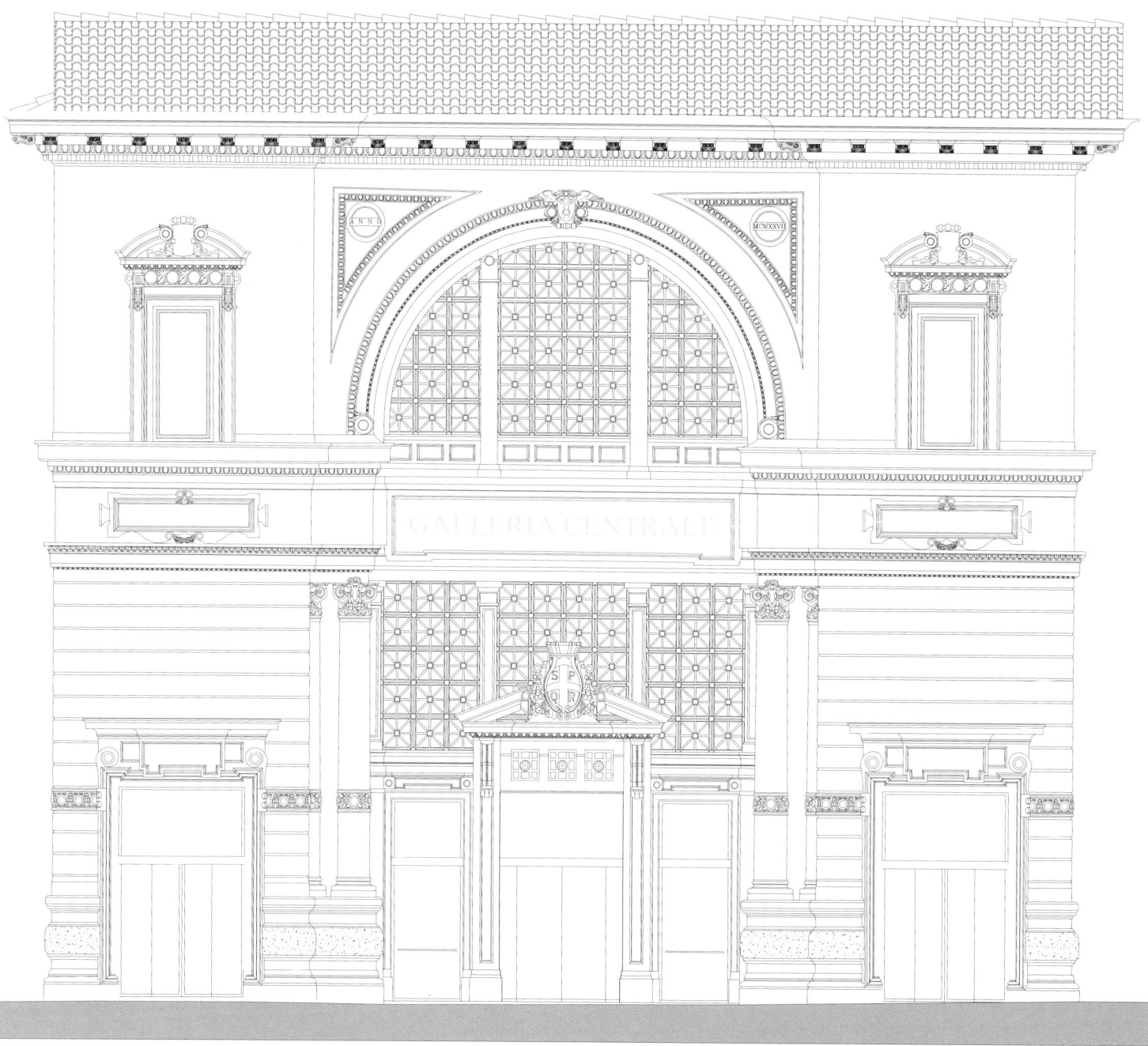

80 | ESPERIENZE DELL'ARCHITETTURA | EXPERIENCES OF ARCHITECTURE

La Galleria Centrale/The central gallery; Galleria laterale/The side galelry; Planimetria generale: Legenda della planimetria 1 - Via Emilia San Pietro, 2 - Atrio, 3 - Galleria, 4 - Piazzetta del Pesce, 5 - Piazza Scapinelli, 6 - Ex Casa dello Studente, 7 - Via dell'Abbadessa/General plan, Plan legend: 1 - Via Emilia San Pietro, 2 - Atrium, 3 - Gallery, 4 - Piazzetta del Pesce, 5 - Piazza Scapinelli, 6 – Former Students House, 7 - Via dell'Abbadessa; Immagini di cantiere/Building site images

Il progetto opera sulla definizione di una proposta architettonica che descriva il monumento nei suoi caratteri storici e permanenti, proiettandolo nel terzo millennio quale luogo delle identità culturali e sociali. Il recupero del Mercato Coperto viene definito nelle pieghe di un territorio che è stato deposito di antichissime trasformazioni, all'interno del quale la struttura del mercato ha assunto ruolo, significato e relazione. L'organizzazione del monumento è orientata dalla struttura della città che, riducendosi alla scala dell'intervento, ha definito l'orditura dello spazio dell'intero complesso, capace di aprirsi al suo intorno anche attraverso il sistema delle corti e dei giardini. Il progetto, nel conservare le specificità ed il carattere del monumento, si è posto l'obiettivo di realizzare un complesso integrato di interesse pubblico e di utilità sociale che ha contribuito ad innescare e potenziare un processo di recupero diffuso e di rivitalizzazione del tessuto economico-sociale del rispettivo intorno urbano, quale elemento di valorizzazione e arricchimento dell'identità culturale della città. Le nuove funzioni e il generale sistema distributivo, coincidente con la rete della città storica, generano una dinamicità degli spazi che determinano una

The project works on an architectural solution that describes the historical and permanent characters of the monument, turning it into a place for cultural and social identities for the third millennium. The rehabilitation of the Indoor Market finds space in the wrinkles of a territory that went through ancient transformations, resulting in the current role and significance of the market structure. The monument layout is oriented according to the structure of the city that, replicated in a smaller scale, defined the grid of the whole complex. The building opens to its immediate surrounding also through the system of gardens and courtyards. Although it preserved the peculiarities and the character of the monument, the project aimed at creating an integrated complex for public interest and social utility. The operation helped in triggering and empowering a process of diffused recovery and revitalization of the economic and social fabric of its immediate urban surrounding, considered as a valuable element to enrich the cultural identity of the city. The new functions and the general layout, that matches the historic city plan, generate dynamic spaces that give life to a continuous exchange between people and things,

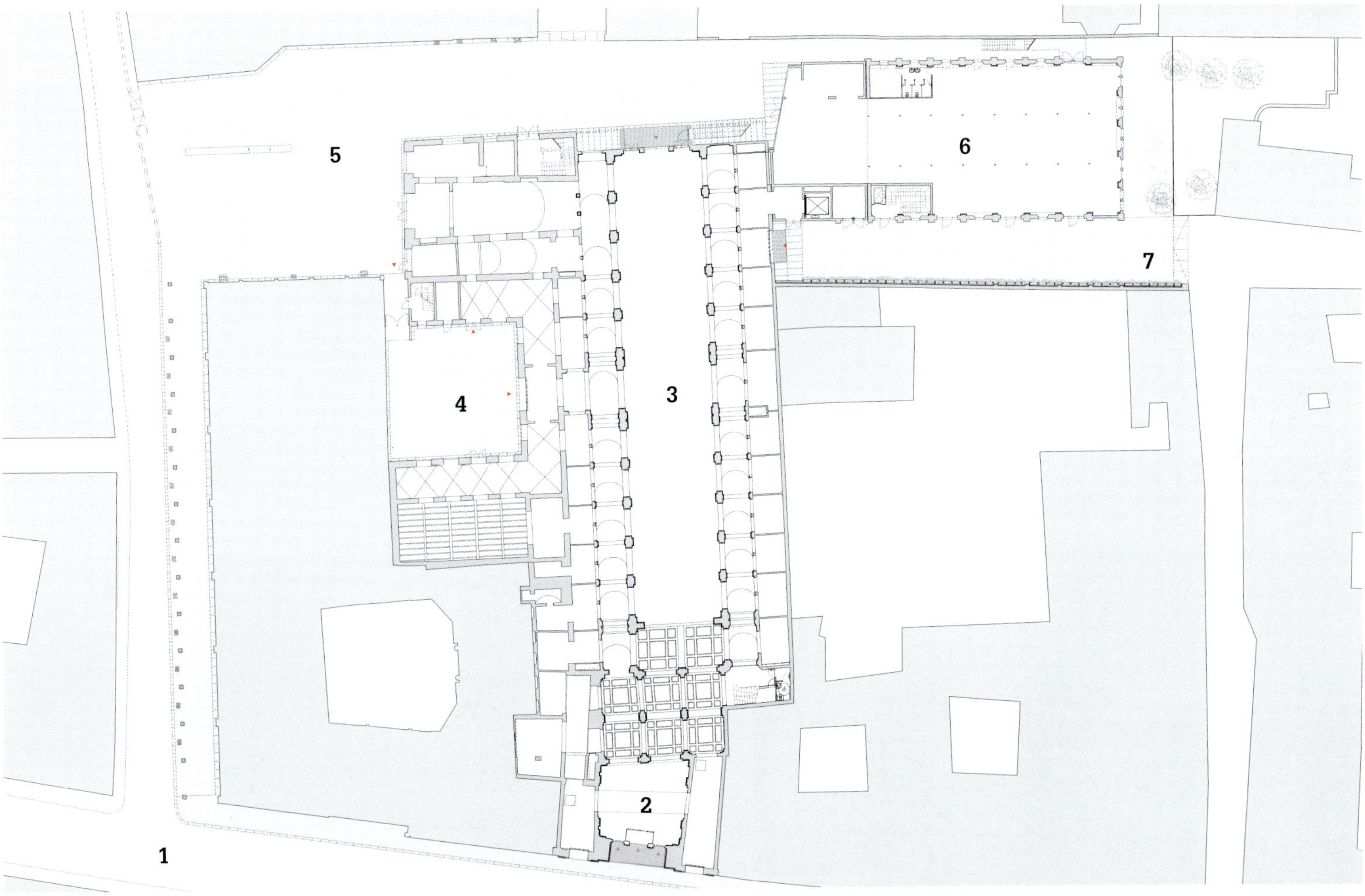

Galleria centrale: il recupero della copertura in ferro e vetro/Central gallery: the restoration of the iron/glass roofing; Galleria centrale, immagini d'epoca/Central gallery, vintage images; La Galleria recuperata/The restored Gallery

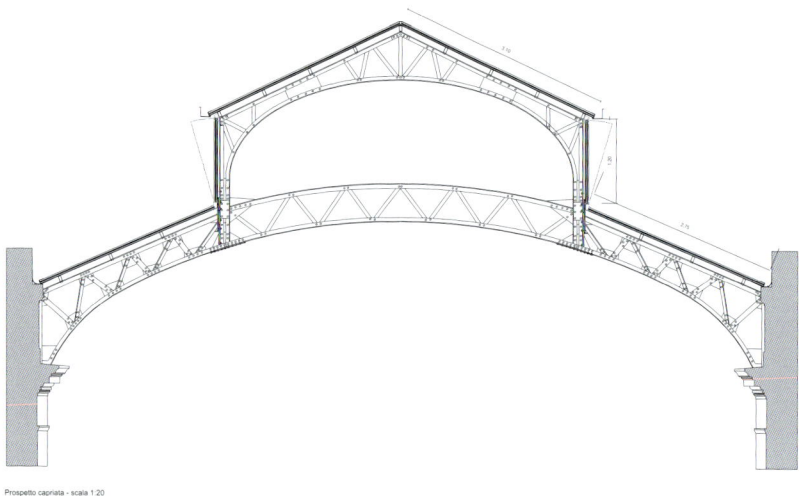

Prospetto capriata - scala 1:20

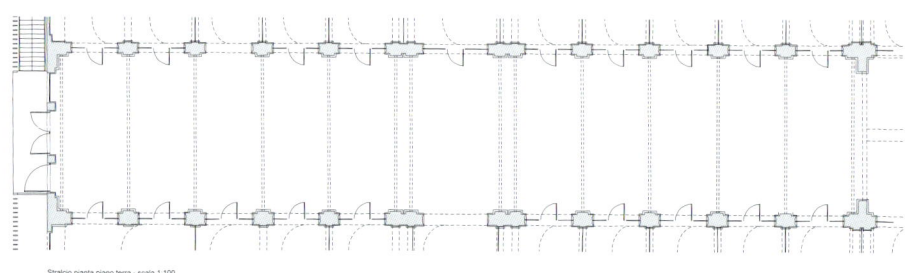

Stralcio pianta piano terra - scala 1:100

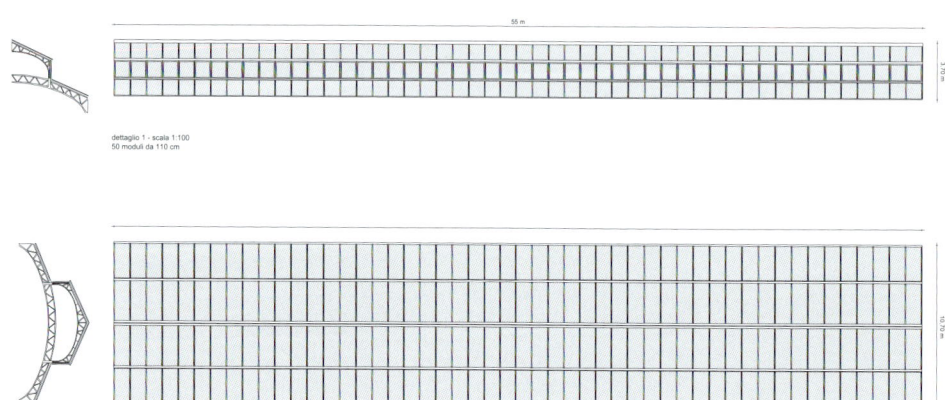

dettaglio 1 - scala 1:100
50 moduli da 110 cm

dettaglio 2 - scala 1:100
100 moduli da 55 cm

frequenza di scambi tra le persone e le cose propri dei luoghi della città destinati al commercio. Funzioni nuove da integrare nella consistenza di un complesso architettonico, su cui l'indagine e la investigazione progettuale hanno definito i temi intorno ai quali si sono articolate le scelte. Un sistema di azioni che ha evitato di intraprendere "azioni passive", quelle che in sostanza determinano impatti diretti ed irreversibili favorendo un più puntuale sistema di "azioni attive", che determinano impatti normalmente reversibili, orientate verso tipi mitigabili e riconoscibili, compatibili sul piano dell'istanza storica ed estetica. Azioni che hanno dato senso e collocazione alle funzioni nuove del commercio, che abitano il monumento, assegnando al Mercato Coperto, i significati di un luogo storicamente simbolico, punto di aggregazione della città, inserito nel tessuto economico-sociale, capace di far affiorare tutte le preesistenze e al contempo proiettato nel contemporaneità dello svolgersi della vita quotidiana.

as in all the market areas of any city.
The new functions have found an integration in the matter of an architectural complex trough the definition of the themes that guided the design choices. A system that avoided "passive actions", those that essentially cause direct and irreversible impacts, pushing for a more punctual system of "active actions" that are compatible with history and aesthetics. This actions gave meaning and location to the new commercial functions that inhabit the building. They assign to the Indoor Market the meaning of a historically symbolic places, of a meeting point for the whole city that is sewn in the economic-social fabric. The building becomes able to both let the pre-existing elements come to surface and be projected into the contemporary daily routine.

Atrio: immagini d'epoca/Atrium: vintage images; L'atrio col sistema di lucernai recuperato/The atrium with the restored skylight system

PROGETTI | PROJECTS | 85

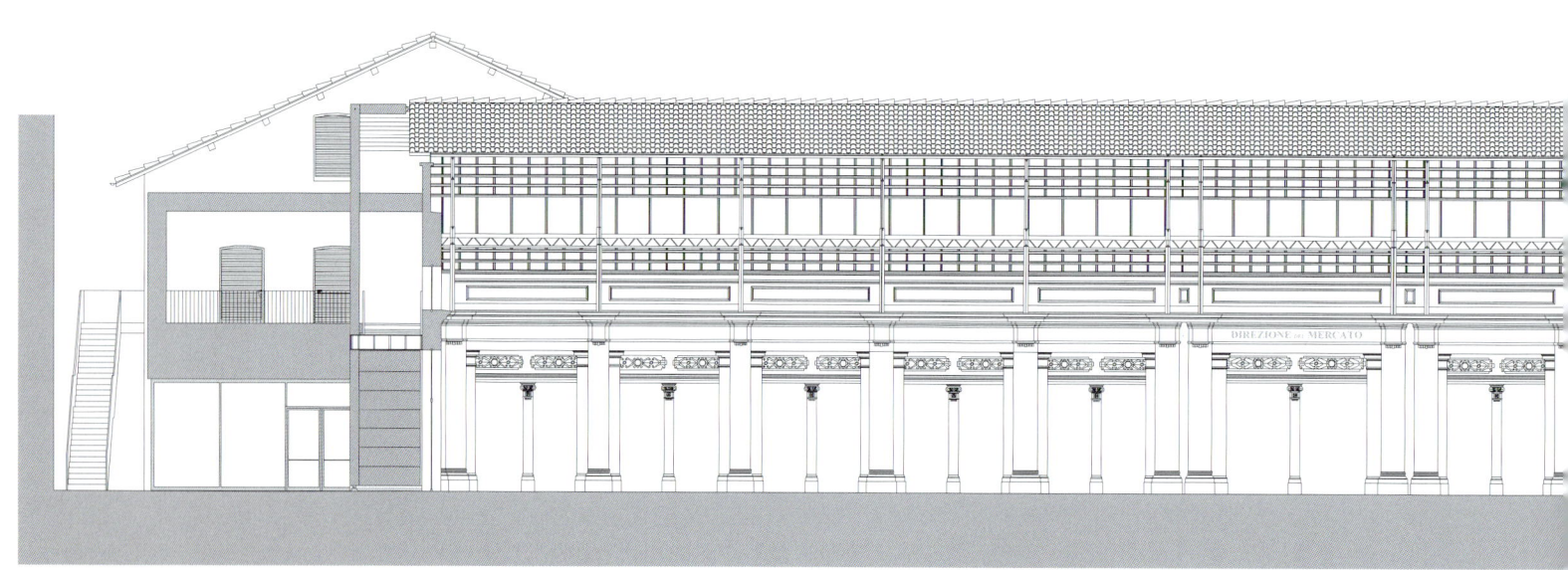

86 | ESPERIENZE DELL'ARCHITETTURA | EXPERIENCES OF ARCHITECTURE

L'atrio su Via Emilia: vista dalla Galleria centrale/The atium on Via Emila: perspective from the central gallery; Sezione longitudinale/Cross section; Il recupero della Ex Casa dello Studente e l'accesso da Via dell'Abbadessa/The restoration of the former Student House and the entrance on Via dell'Abbadessa; Accesso da Via dell'Abbadessa: dettaglio della parete verde/Entrance on Via dell'Abbadessa: detail of the green wall

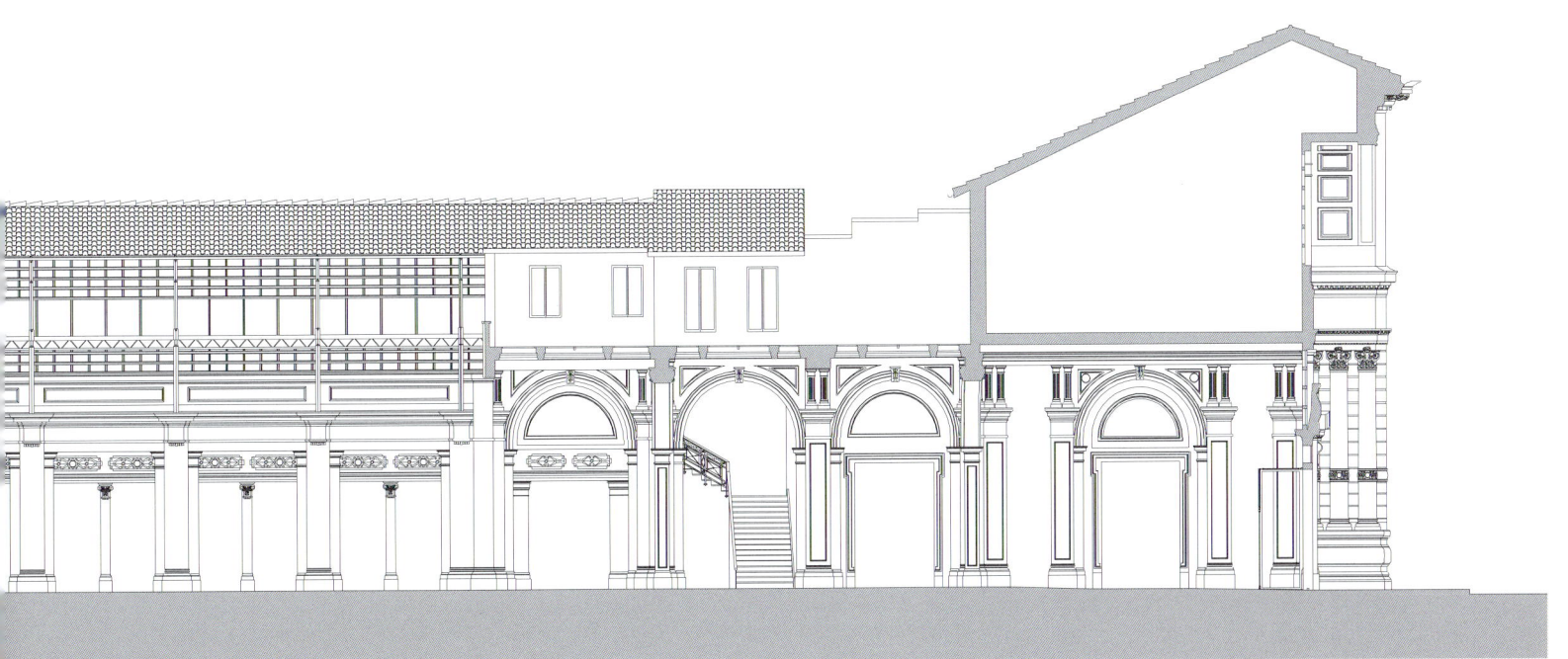

PROGETTI | PROJECTS | 87

Ingresso su Piazza Scapinelli/Entrance on Piazza Scapinelli; Prospetto Nord/North Elevation; Ingresso su Piazza Scapinelli, il sistema di Brise soleil: immagine di cantiere/Entrance on Piazza Scapinelli, the brise-soleil system: building syte images; Prospetto Nord e ingresso su Piazza Scapinelli: vista dall'alto, pagina seguente/North elevation and entrance on Piazza Scapinelli: view from above, next page

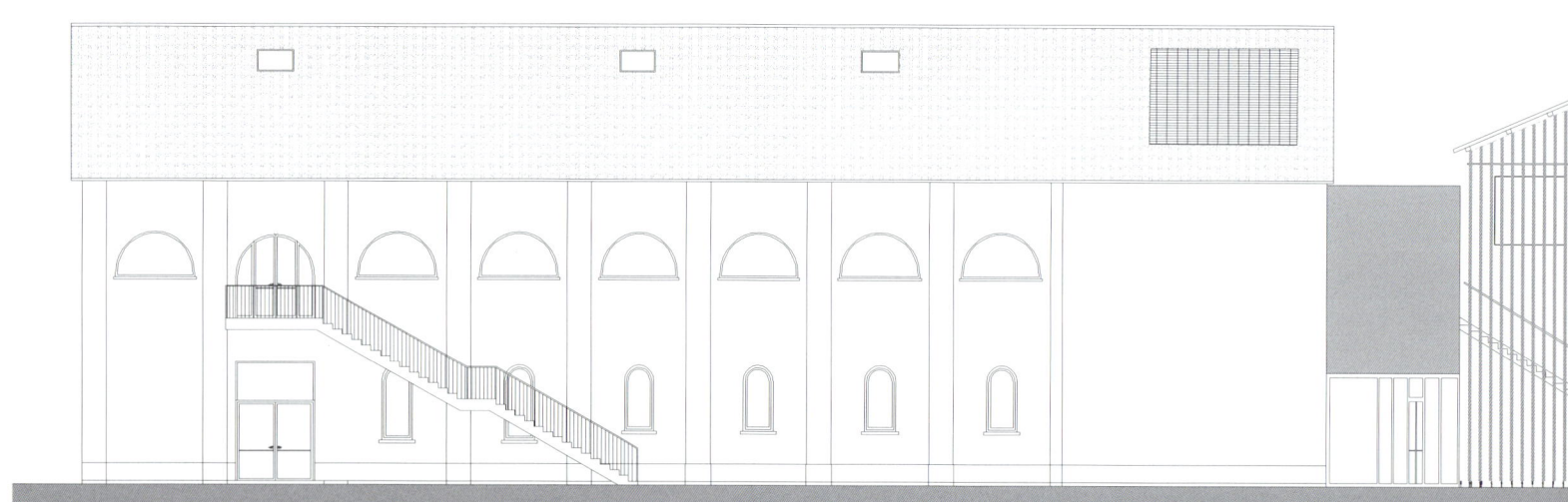

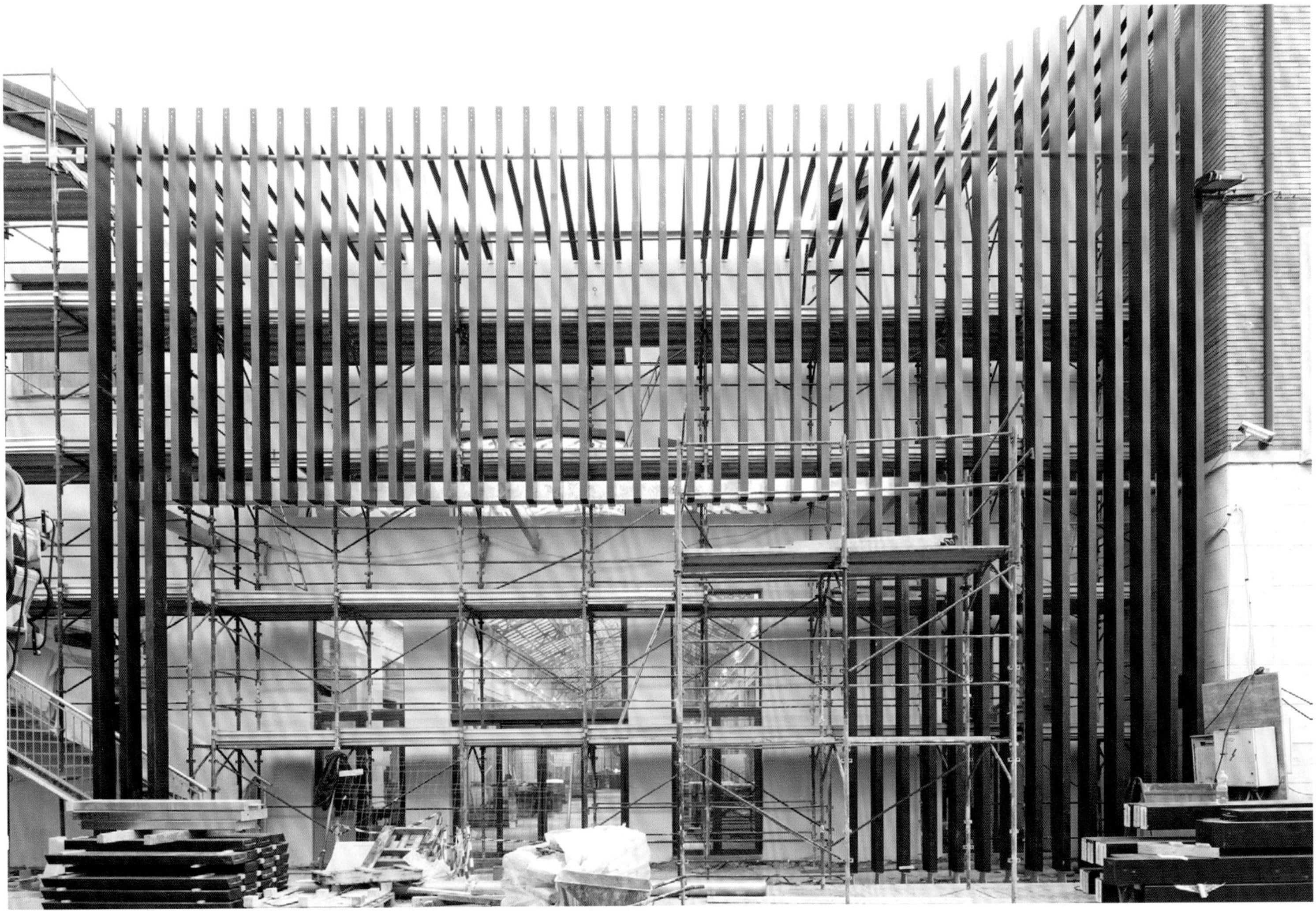

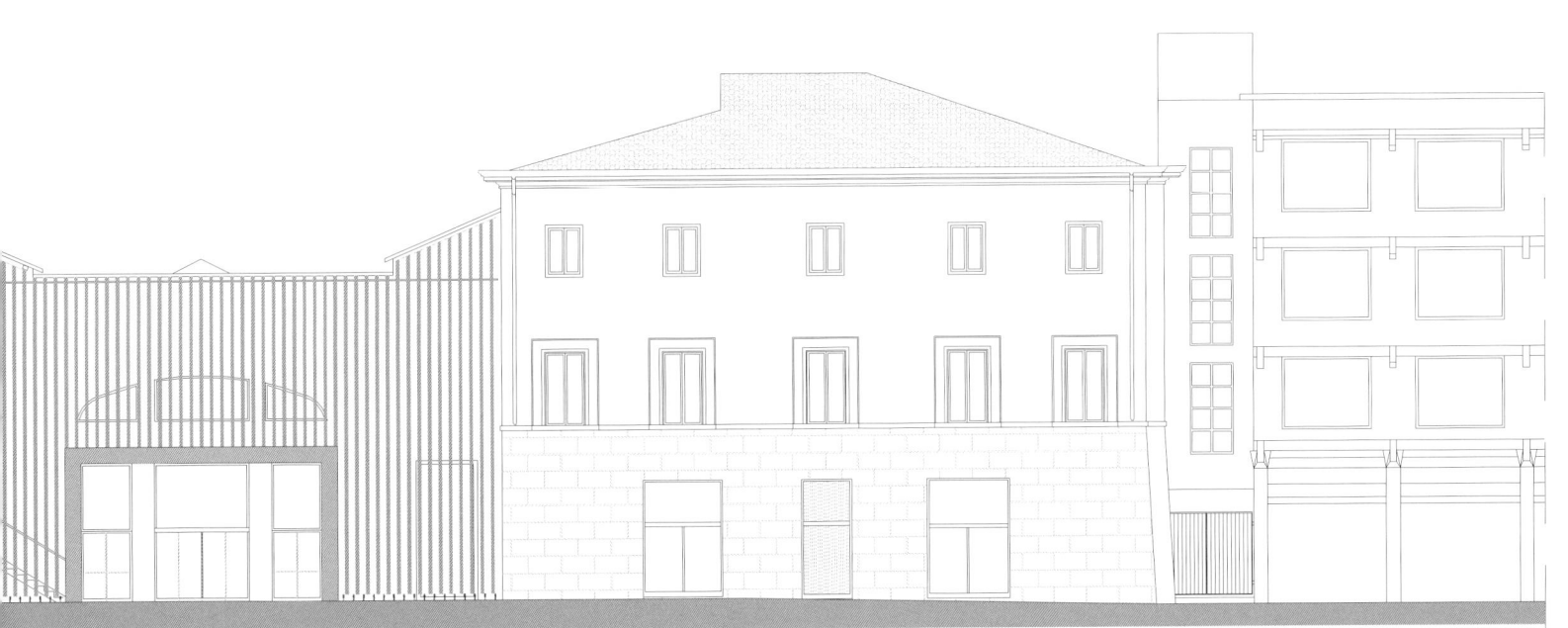

PROGETTI | PROJECTS | 91

Nuova Scuola Elementare
New Elementary School

PROGRAMMA_ARCHITETTURA + PROGRAM_ARCHITECTURE

Mettere in opera il programma significa assegnare all'articolazione architettonica un impianto capace di produrre una organizzazione spaziale fondata su un preciso sistema di relazioni, di reciprocità, di corrispondenze. Il programma della scuola rappresenta, in questo senso, un esercizio significativo per dare ordine ad un sistema distributivo che è fondato su spazi educativi e di formazione precisamente definiti dall'assetto normativo. Aule, mensa e palestra dispongono i tre corpi di fabbrica in una logica dell'impianto che risponde ad una precisa strategia funzionale che rende chiari i rapporti dimensionali, i sistemi di collegamento, l'uso degli spazi.

Giving shape to the program means creating a layout able to carry a spatial organization founded on a precise system of relations, of reciprocities, of correspondences. The functional program of the school is, in this sense, a poignant exercise to put in order a connective system that is based on educational spaces precisely defined by the applicable legislation.
The classrooms, the refectory and the gym determine the layout of the three buildings according to a precise functional strategy that clarifies the dimensional relationships, the connections systems and the usage of the spaces.

Carate Brianza, Milano, 2013

Il volume della palestra: vista da nord est / The gym volume: North-East view

Planimetria generale/General plan; Pianta piano terra/Ground floor plan; I corpi della palestra e della mensa: immagini di cantiere/The refectory and the gym blocks: building site images

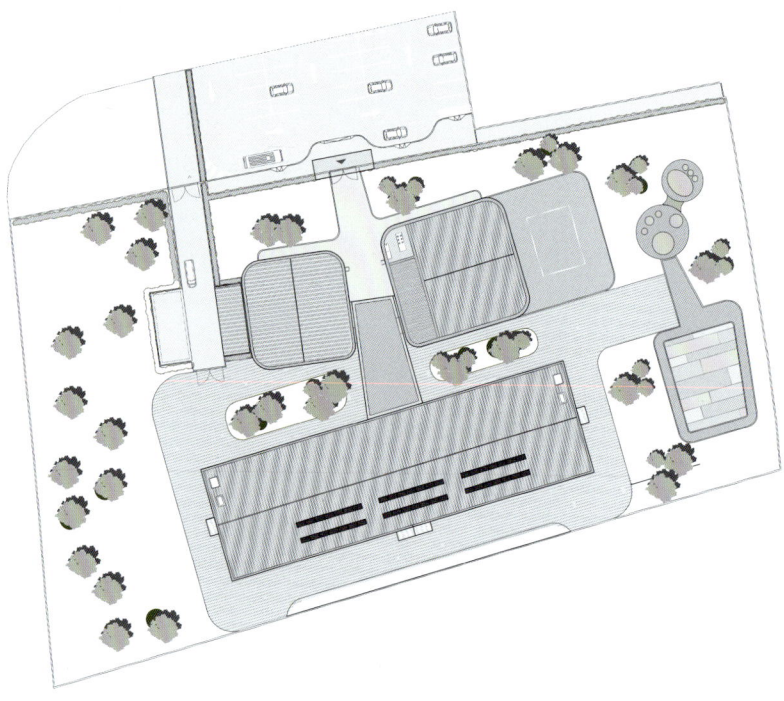

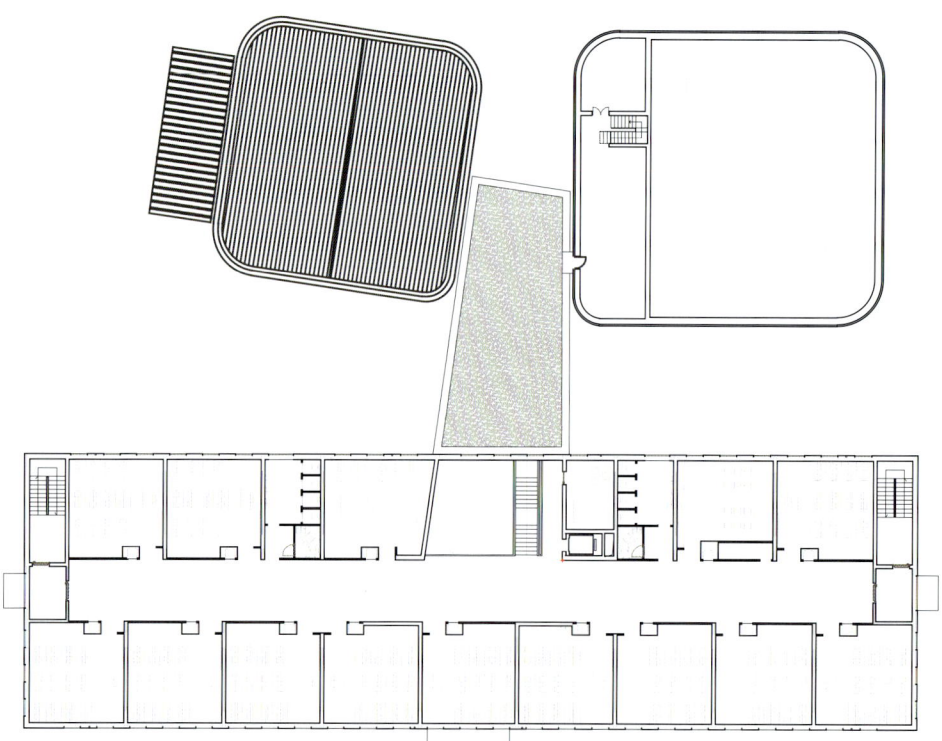

L'assetto architettonico del nuovo edificio scolastico si articola principalmente in tre corpi; due destinati alle funzioni collettive ed un terzo, in linea, destinato alle aule. Il progetto assume il programma come regola di costruzione della architettura. Lo spazio destinato alla didattica risulta orientato in modo da sfruttare al meglio il soleggiamento a favore delle aule. L'atrio di ingresso risulta ampio e adeguatamente illuminato grazie alle vetrate a tutta altezza che lo rendono aperto e permeabile allo spazio esterno. L'atrio continua all'interno della scuola con un'ampia hall a doppia altezza dove prende forma una scala aperta per l'accesso al piano superiore e su cui affaccia la reception. Un grande corridoio centrale fa sì che le aule si distribuiscano tutte sui lati lunghi del corpo architettonico. Al piano terra la permeabilità con l'esterno è garantita da una apertura sul lato sud e due aperture sui lati corti. I due corpi distaccati dall'edificio in linea, che ospitano la mensa e la palestra, hanno una distribuzione degli spazi interni analoga, ovvero una zona servizi che si sviluppa lungo il lato ovest dell'edificio per garantire uno spazio interno che riesca a dare maggiore libertà alle funzioni da ospitare. La mensa ricopre una posizione privilegiata rispetto agli altri corpi per il suo contatto diretto con la viabilità di servizio. La struttura degli edifici mensa e palestra è caratterizzata da un rivestimento in pannelli di lamiera segnato dalla scansione delle alte e strette finestrature. L'edifico Aule, un tradizionale corpo triplo in linea, si caratterizza al contrario con un involucro stereometrico intonacato, segnato anch'esso da una lunga teoria di tagli verticali corrispondenti alle aperture di facciata.

The layout of the new building is essentially organized in three blocks: two that host collective functions and a third for the classrooms. The project takes the program as a rule for the construction of architecture, with the classrooms oriented to better exploit natural sunlight. The entrance atrium is spacious and well illuminated thanks to the full-height windows that make it permeable from the exterior. The atrium becomes a double-height hall with the reception and a staircase to the upper level. A large central corridor locates the classrooms on the long sides of the block. The permeability at the ground level is ensured by an opening on the South side and two on the short sides of the building. The two other blocks, the refectory and the gym, have a similar internal layout: that's to say a service zone on the West side to create an internal space with more room for the necessary functions. The refectory building is definitely privileged, compared to the others, for its contact with the service road network. The external finishing of the refectory and the gym presents a metal sheet cladding, marked by the tall and thin windows. The classrooms building, a traditional three-storey linear block, has a stereometric plastered finishing also marked by a series of vertical cuts, the windows.

98 | ESPERIENZE DELL'ARCHITETTURA | EXPERIENCES OF ARCHITECTURE

Il corpo delle aule, volo d'uccello: vista da nord ovest/The classrooms block, bird's eye view from North-West; La palestra: prospetto est/The gym: East elevation; I corpi della palestra e della mensa: dettaglio/The refectory and the gym blocks: detail; Dettagli costruttivi/Constructive details

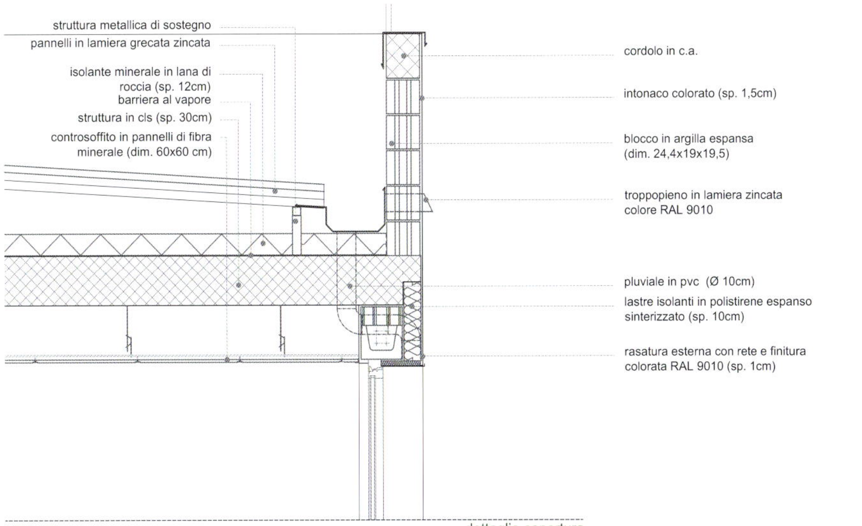

dettaglio copertura

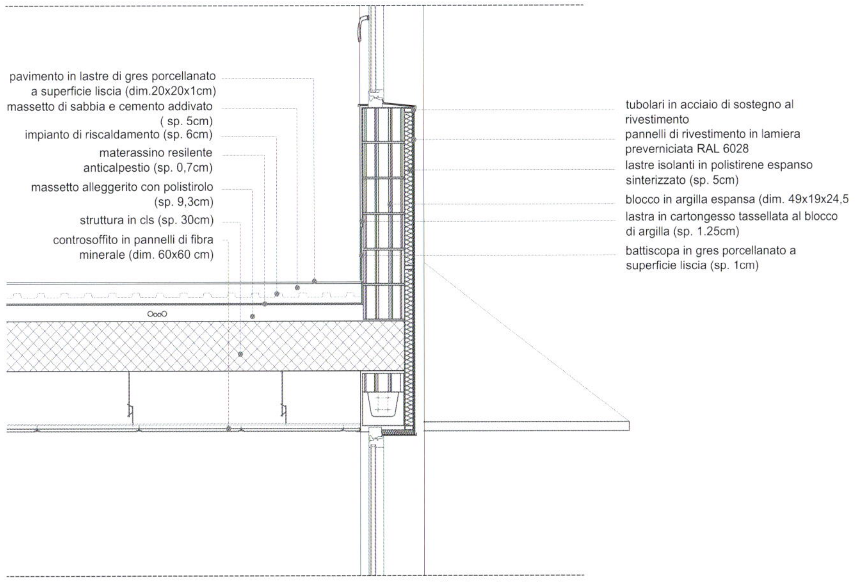

- struttura metallica di sostegno
- pannelli in lamiera grecata zincata
- isolante minerale in lana di roccia (sp. 12cm)
- barriera al vapore
- struttura in cls (sp. 30cm)
- controsoffitto in pannelli di fibra minerale (dim. 60x60 cm)
- cordolo in c.a.
- intonaco colorato (sp. 1,5cm)
- blocco in argilla espansa (dim. 24,4x19x19,5)
- troppopieno in lamiera zincata colore RAL 9010
- pluviale in pvc (Ø 10cm)
- lastre isolanti in polistirene espanso sinterizzato (sp. 10cm)
- rasatura esterna con rete e finitura colorata RAL 9010 (sp. 1cm)

dettaglio solaio interpiano

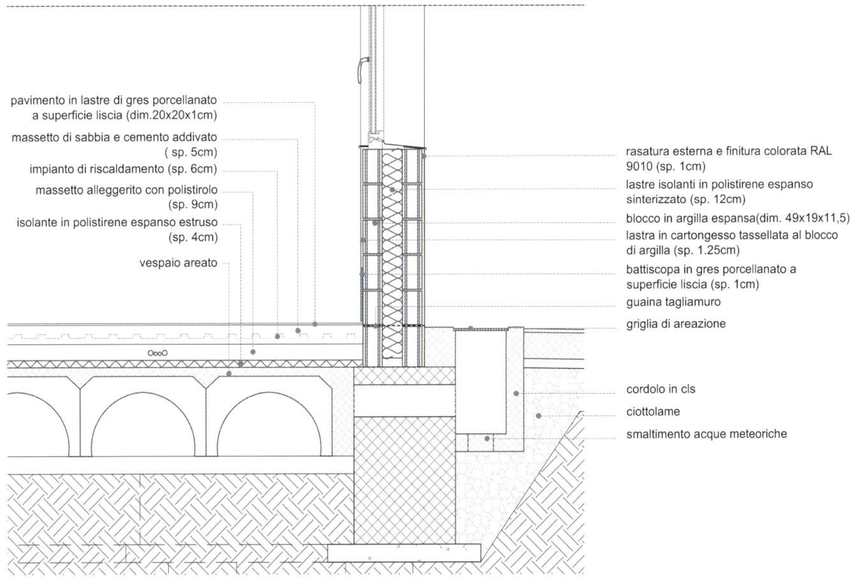

- pavimento in lastre di gres porcellanato a superficie liscia (dim.20x20x1cm)
- massetto di sabbia e cemento addivato (sp. 5cm)
- impianto di riscaldamento (sp. 6cm)
- materassino resiliente anticalpestio (sp. 0,7cm)
- massetto alleggerito con polistirolo (sp. 9,3cm)
- struttura in cls (sp. 30cm)
- controsoffitto in pannelli di fibra minerale (dim. 60x60 cm)
- tubolari in acciaio di sostegno al rivestimento
- pannelli di rivestimento in lamiera preverniciata RAL 6028
- lastre isolanti in polistirene espanso sinterizzato (sp. 5cm)
- blocco in argilla espansa (dim. 49x19x24,5
- lastra in cartongesso tassellata al blocco di argilla (sp. 1.25cm)
- battiscopa in gres porcellanato a superficie liscia (sp. 1cm)

dettaglio solaio controterra

- pavimento in lastre di gres porcellanato a superficie liscia (dim.20x20x1cm)
- massetto di sabbia e cemento addivato (sp. 5cm)
- impianto di riscaldamento (sp. 6cm)
- massetto alleggerito con polistirolo (sp. 9cm)
- isolante in polistirene espanso estruso (sp. 4cm)
- vespaio areato
- rasatura esterna e finitura colorata RAL 9010 (sp. 1cm)
- lastre isolanti in polistirene espanso sinterizzato (sp. 12cm)
- blocco in argilla espansa(dim. 49x19x11,5)
- lastra in cartongesso tassellata al blocco di argilla (sp. 1.25cm)
- battiscopa in gres porcellanato a superficie liscia (sp. 1cm)
- guaina tagliamuro
- griglia di areazione
- cordolo in cls
- ciottolame
- smaltimento acque meteoriche

PROGETTI | PROJECTS | 99

Prospetti nord e sud/North elevation (on top) and South elevation; Prospetto Nord: vista/North elevation: perspective

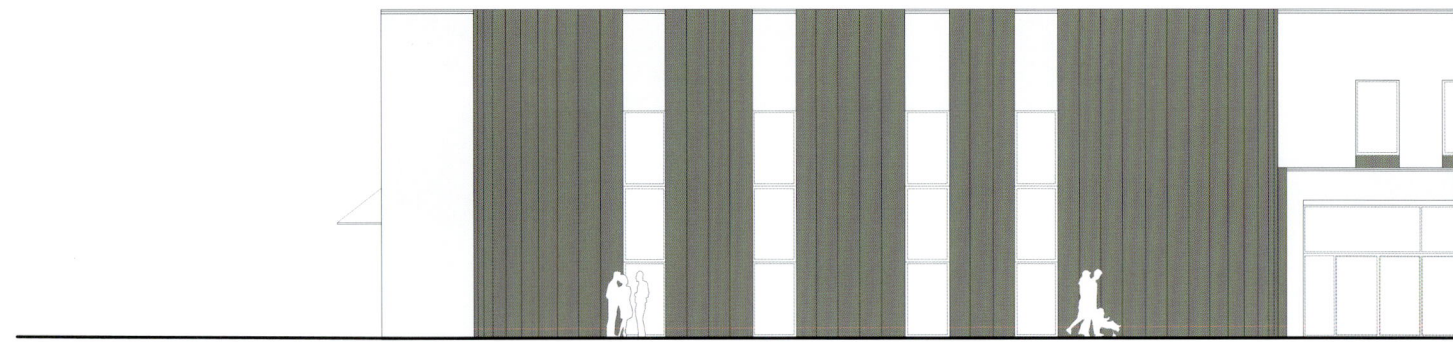

100 | ESPERIENZE DELL'ARCHITETTURA | EXPERIENCES OF ARCHITECTURE

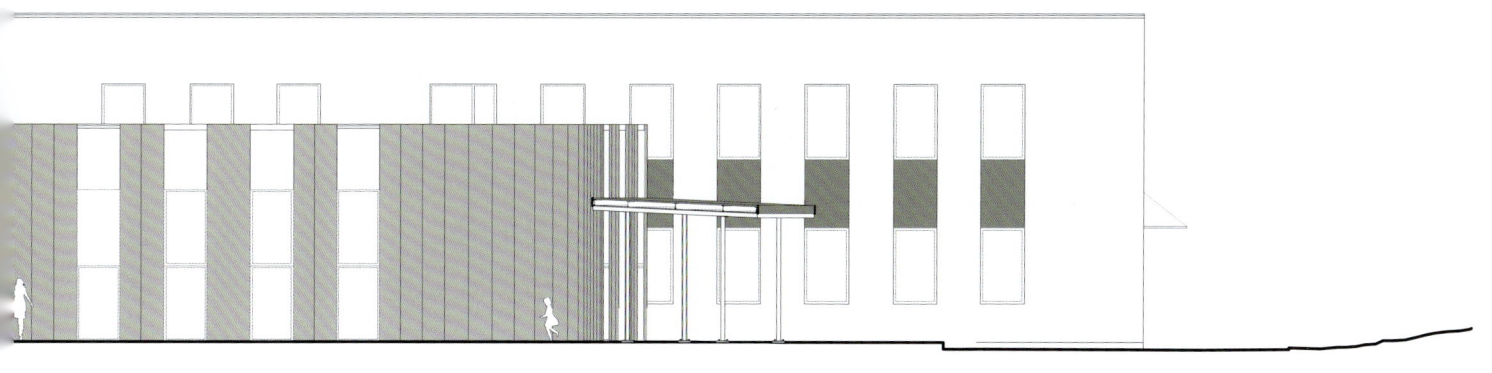

PROGETTI | PROJECTS | 101

Prospetto Est/East elevation; Prospetto Ovest/West elevation; Collegamenti orizzontali: la scansione dei volumi delle aule/Horizontal connections: the classrooms volumes; Pianta piano primo/First floor plan; Hall di ingresso: la scala lineare /Entrance hall: the linear staircase

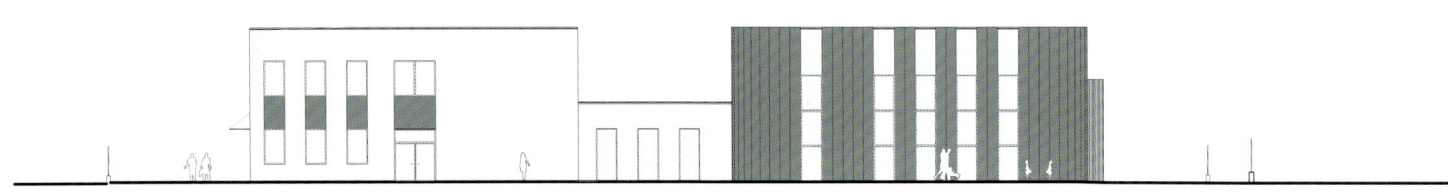

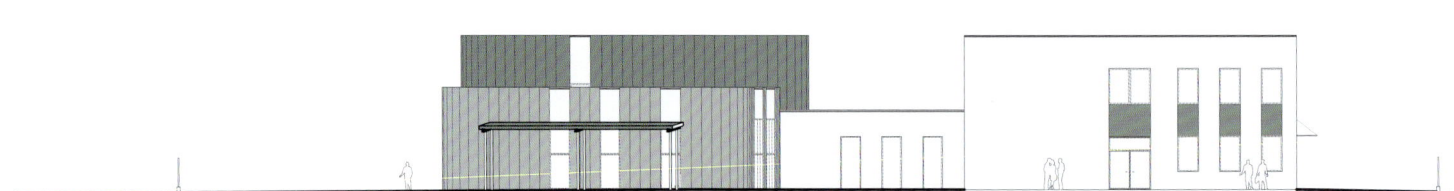

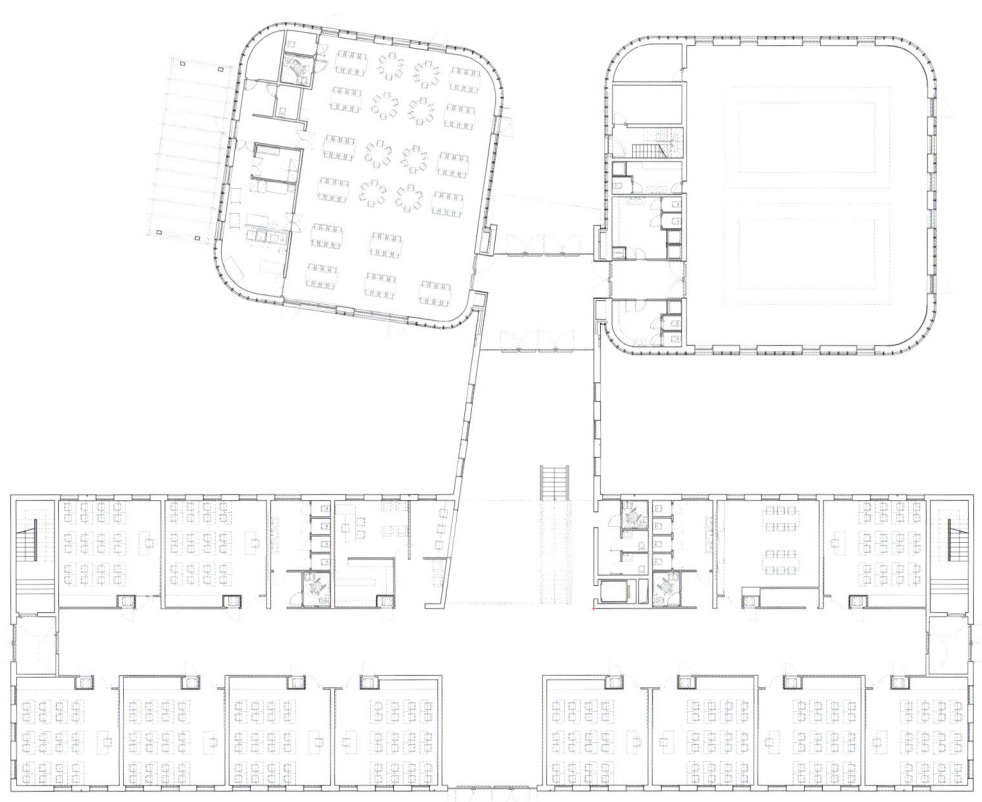

PROGETTI | PROJECTS | 103

Hall di ingresso: la scala lineare/Entrance hall: the linear staircase

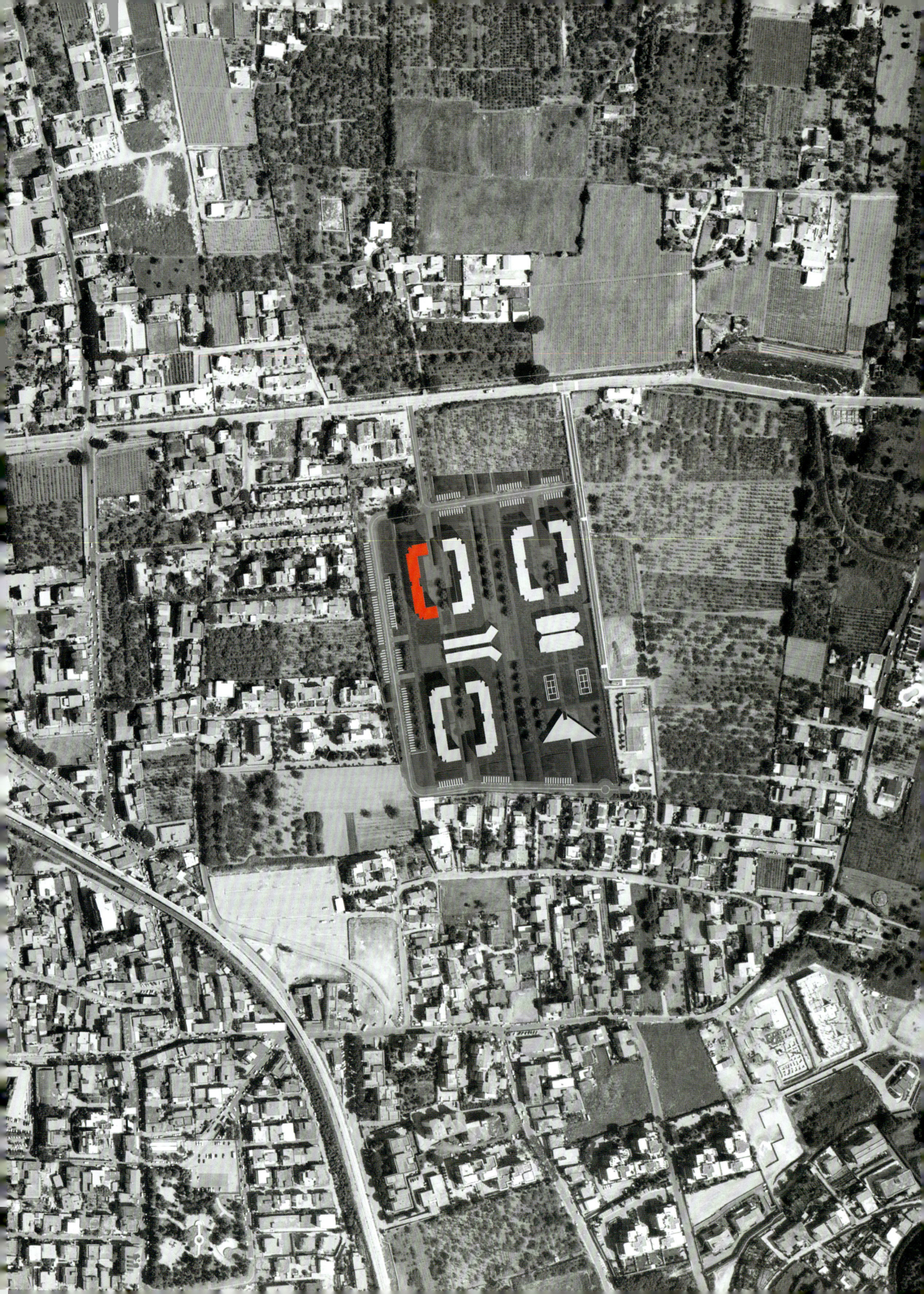

24 alloggi in zona PEEP
24 Apartments in a PPH Area

LINGUAGGIO_ARCHITETTURA | **LANGUAGE_ARCHITECTURE**

L'edificio intende rilevare e rivelare le logiche di costruzione dell'architettura che ricompongono il senso storico dell'abitare, manifestando scelte distributive e linguistiche che danno riconoscibilità individuale agli elementi che lo compongono. I volumi degli alloggi, le scale, il basamento, i passaggi verso i cortili, le relazioni con gli edifici al contorno, determinano la riconoscibilità del complesso abitativo e l'espressione della sua forma architettonica.

The building intends to take note and reveal the logics behind the construction of architecture that are part of the historical meaning of dwelling. The layout and the language chosen make its elements clearly recognizable. The apartments volume, the staircases, the base, the passages to the courtyards, the relationships with the surrounding buildings make the complex recognizable and let it express its architectural form.

Quarto, Napoli 2014

Il volume d'angolo di Scale e ascensore: vista/The staircases and elevators corner volume: perspective; Propsetto ovest: dettaglio/West elevation: detail

La scansione dei volumi delle residenze è caratterizzata dalla compattezza della parete in mattoni a faccia vista verso l'esterno e dal diaframma dei brise-soleil in legno verso la corte. Elemento unificatore dell'intero complesso è il basamento in pietra lavica, memoria dell'attività vulcanica dei Campi Flegrei. La scelta di tutti materiali è ricaduta su elementi caratterizzati dalla durabilità. Da un punto di vista tipologico il complesso, un corpo di fabbrica a "C", si compone di 24 alloggi disposti in linea lungo l'asse principale nord-sud, serviti da tre corpi scala-ascensore, organizzati su quattro livelli abitativi, oltre il seminterrato, destinato a garage, dotato di 24 posti auto. Gli alloggi situati al piano terra sono dotati di giardini privati accessibili dalla corte. Gli spazi interni sono distribuiti in modo da privilegiare la disposizione a sud-ovest dei locali a maggiore fruizione, quali i soggiorno-pranzo, secondo le logiche dell'alloggio passante. Le superfici dei prospetti conseguentemente presentano caratteristiche che definiscono Il prospetto est, caratterizzato da un elevato rapporto tra la superficie trasparente e quella opaca per sfruttare gli apporti solari, dotato di un sistema di pareti-camino e un sistema di brise-soleil in legno, mentre il prospetto nord-ovest si caratterizza per un misurato rapporto tra superfici opache e trasparenti al fine di limitare le dispersioni energetiche.

The volumes containing the apartments show an extremely compact fair faced brick wall on the external elevation, opposed to the wooden brise-soleil of the elevations facing the courtyard. The unifying element of the whole complex is the lava stone base, as a memento of the volcanic activity of the Campi Flegrei area. All the materials have been chosen mainly for their durability. The C-shaped complex hosts 24 apartments aligned on the main North-South axis, distributed on four storeys served by three staircases/elevators. The basement hosts a parking lot for 24 cars. The ground floor apartments have private gardens open to the courtyard. The interiors layout is organized so that the most used spaces, like living-dining room, face South-West, according to a "through apartment" logic. Therefore, the East elevation has predominant transparent surfaces, to best exploit the sunlight, but also a ventilated façade and a brise-soleil system. The North-West elevation, on the other hand, shows a more measured ratio between transparent and opaque surfaces, in order to prevent energetic dispersions.

Planimetria generale/General plan; Piano tipo: le tipologia abitative/Model floor plan: the apartment typologies; Corpo scala centrale: vista dalla corte interna/Central staircase: perspective from the inner courtyard; Il sistema delle logge protette dai brise-soleil in legno/The loggias protected by the wooden brise-soleil

SUPERFICIE ALLOGGIO

TIPOLOGIA A

Superficie utile	mq 98,83
Sp = soggiorno/pranzo	mq 18,20
Cl = camera da letto	mq 15,54
Cl = camera da letto	mq 10,49
Cl = camera da letto	mq 11,63
Pu = pluriuso	mq 9,06
K = cucina	mq 11,97
Si = servizio igienico	mq 4,90
Si = servizio igienico	mq 5,56
Ds = disimpegno	mq 8,27
R = ripostiglio	mq 3,21
Superficie non residenziale	mq 22,00
L = loggia	mq 10,00
L = loggia	mq 8,75
B = balcone	mq 3,25

TIPOLOGIA B

Superficie utile	mq 94,43
Sp = soggiorno/pranzo	mq 16,78
Cl = camera da letto	mq 15,51
Cl = camera da letto	mq 9,97
Cl = camera da letto	mq 11,61
Pu = pluriuso	mq 8,66
K = cucina	mq 11,37
Si = servizio igienico	mq 4,75
Si = servizio igienico	mq 5,30
Ds = disimpegno	mq 7,86
R = ripostiglio	mq 2,62
Superficie non residenziale	mq 21,00
L = loggia	mq 8,75
L = loggia	mq 9,00
B = balcone	mq 3,25

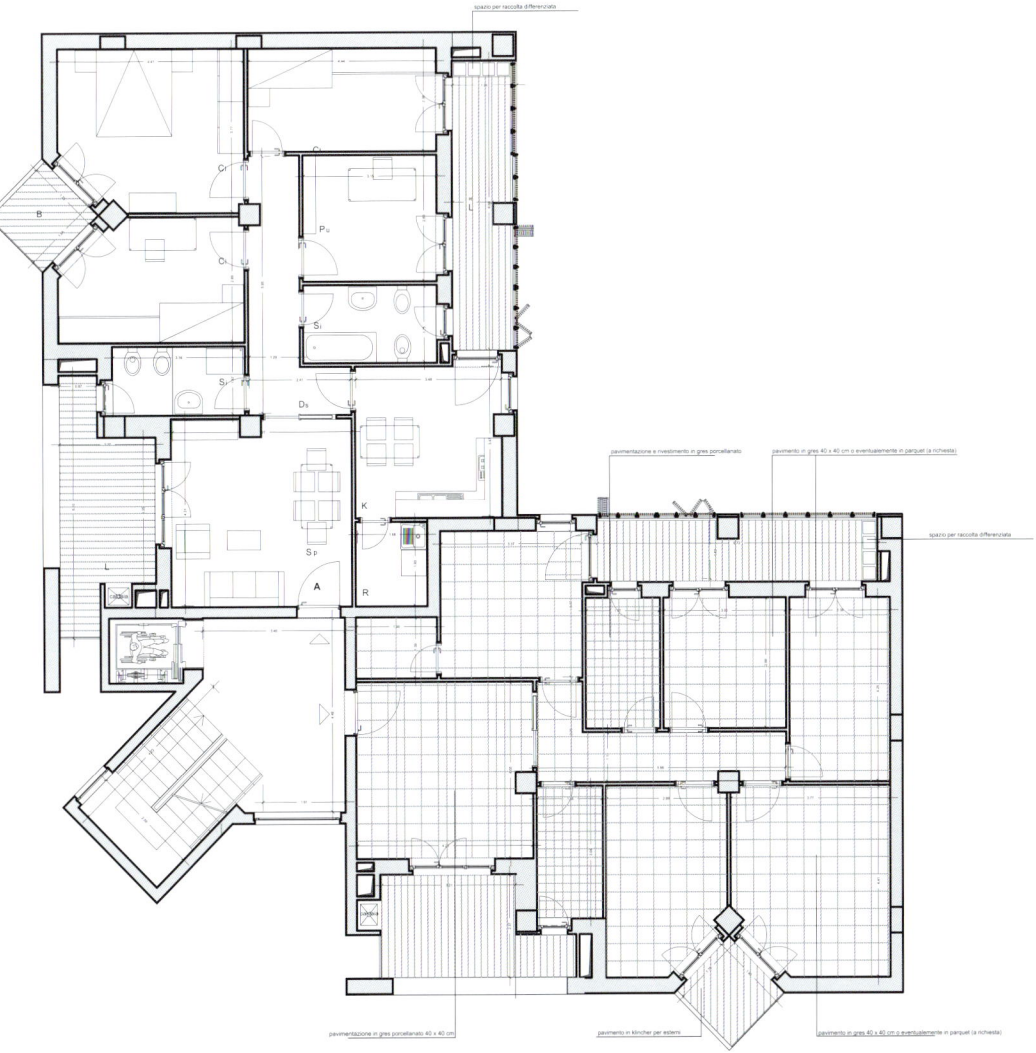

PROGETTI | PROJECTS | 111

Sezioni/Sections; Dettagli costruttivi/Constructive detail; Prospetto Ovest: dettaglio/West elevation: detail; Prospetto Ovest/West elevation

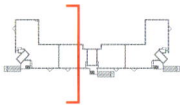

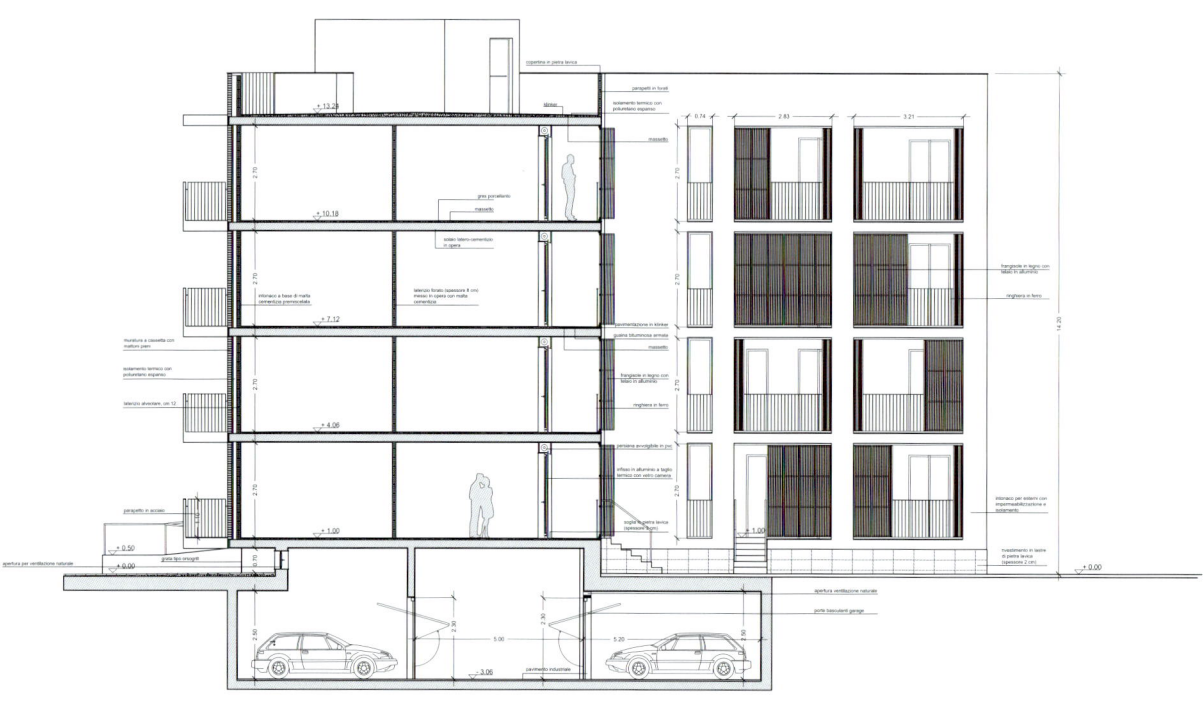

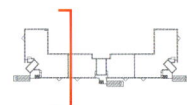

PROGETTI | PROJECTS | 113

Prospetto est: dettaglio/East elevation: detail; Prospetto est, il sistema dei brise-soleil/East elevation: the brise-soleil system; Brise-soleil in legno: dettagli costruttivi/Wooden brise-soleil: constructive details

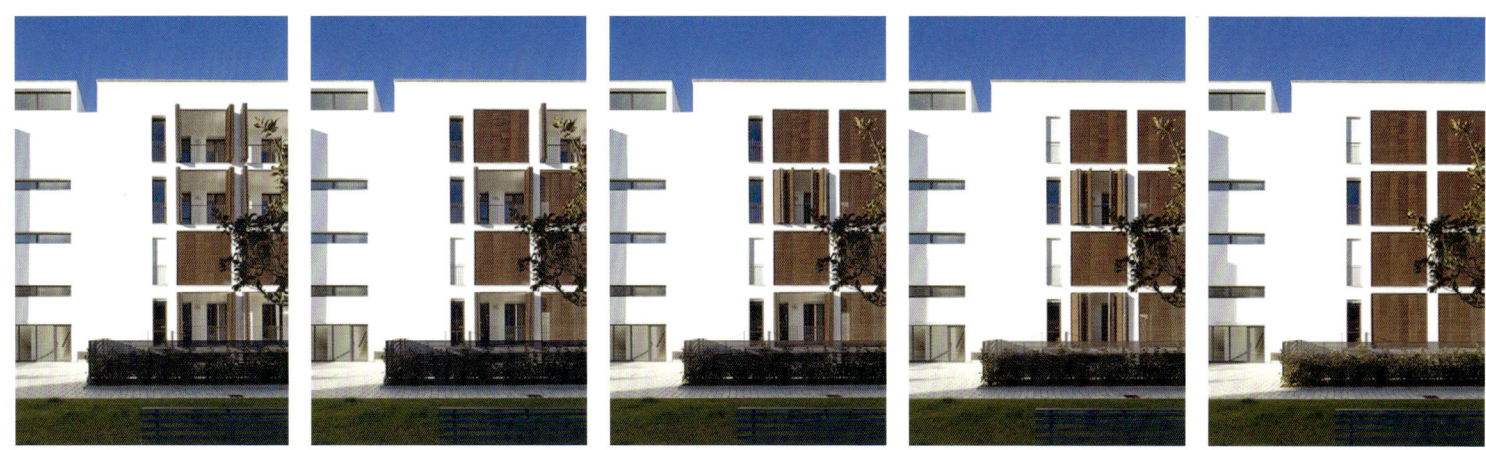

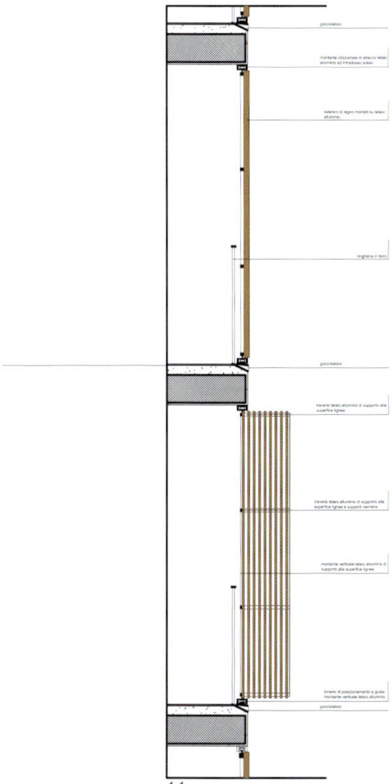
1-1

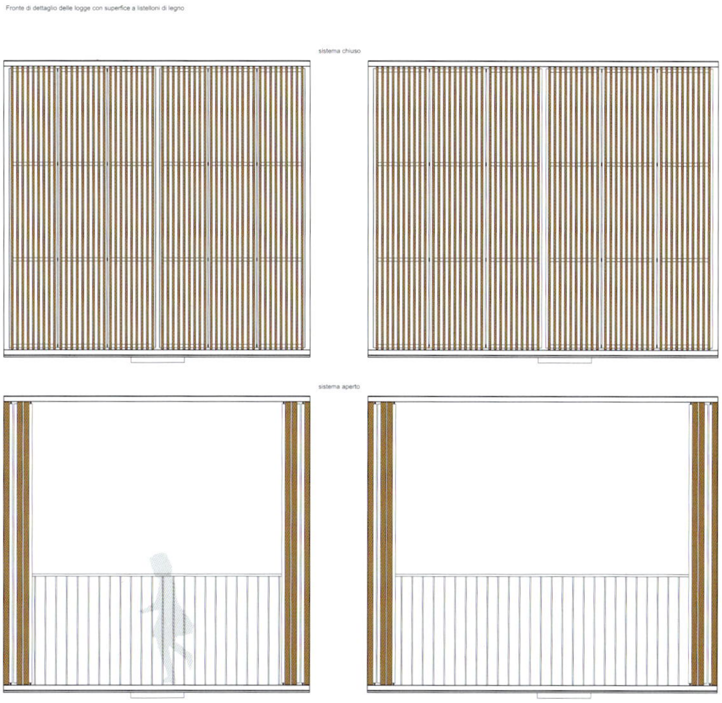

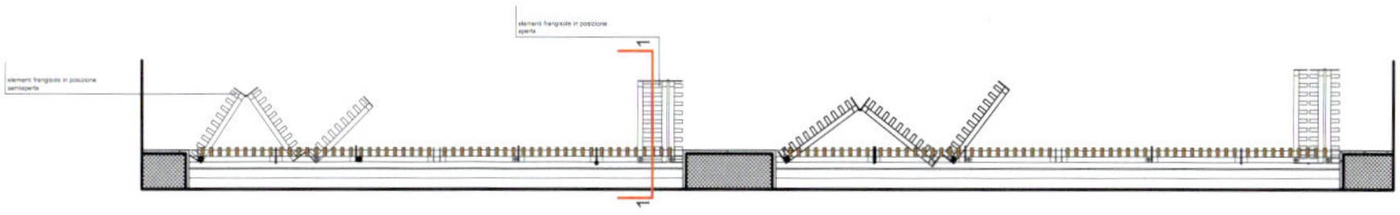

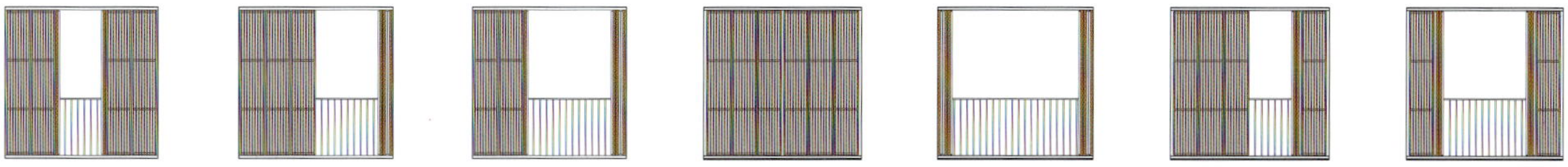
Configurazioni possibili

Prospetto est/East elevation; Prospetto est: vista panoramica dalla corte interna/East elevation: panoramic view from the inner courtyard; Sezione/Section

PROGETTI | PROJECTS | 117

Nuovo Complesso Parrocchiale della Diocesi di Lodi a Dresano
New Parish Complex in Dresano, Lodi Diocese

COMPOSIZIONE_ ARCHITETTURA | COMPOSITION_ ARCHITECTURE

Impianto e composizione architettonica sono il tema centrale nella costruzione di un edificio simbolico e rappresentativo, testimone di una comunità che si raccoglie su precisi valori e significati. L'esperienza della definizione volumetrica dello spazio, e la composizione delle forme, animano il tema dell'architettura, della luce, delle funzioni, dei rituali, assegnando a ogni parte un ruolo preciso e riconoscibile.

Layout and architectural composition are the central theme for the construction of a symbolic and representative building, as a witness of a community that gathers around values and meanings.
The volumetric definition of the space, together with the composition of shapes, animate the theme of architecture, of light, of functions and rituals, giving a precise and recognizable role to each part.

Dresano, Milano, 2016

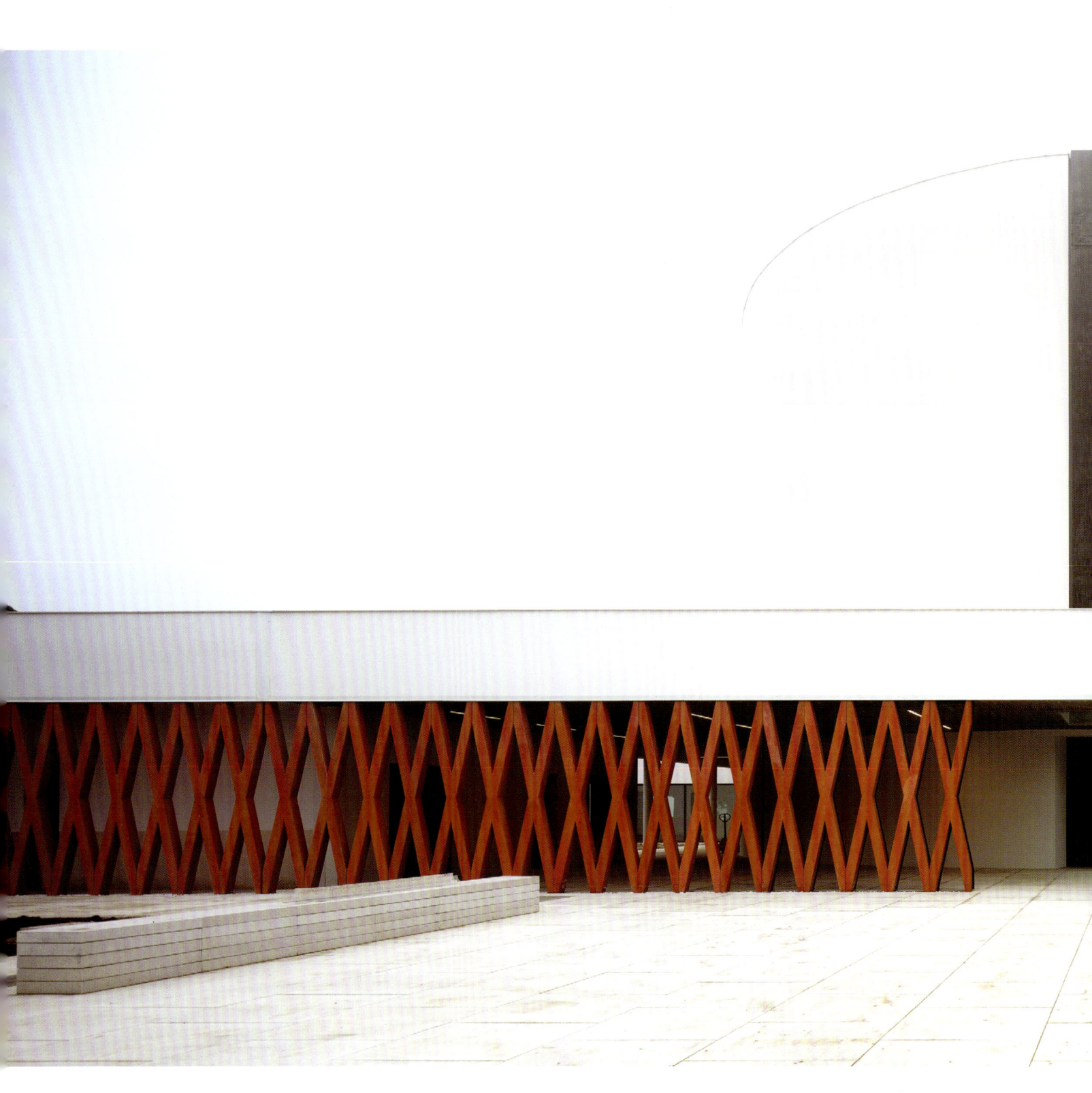

Il Complesso Parrocchiale: vista da sud est/The Parish Complex: South-East view

Planimetria generale/General plan; Il volume dell'aula segnato dalla Croce opera di Nino Longobardi/The main hall and the Croce by artist Nino Longobardi

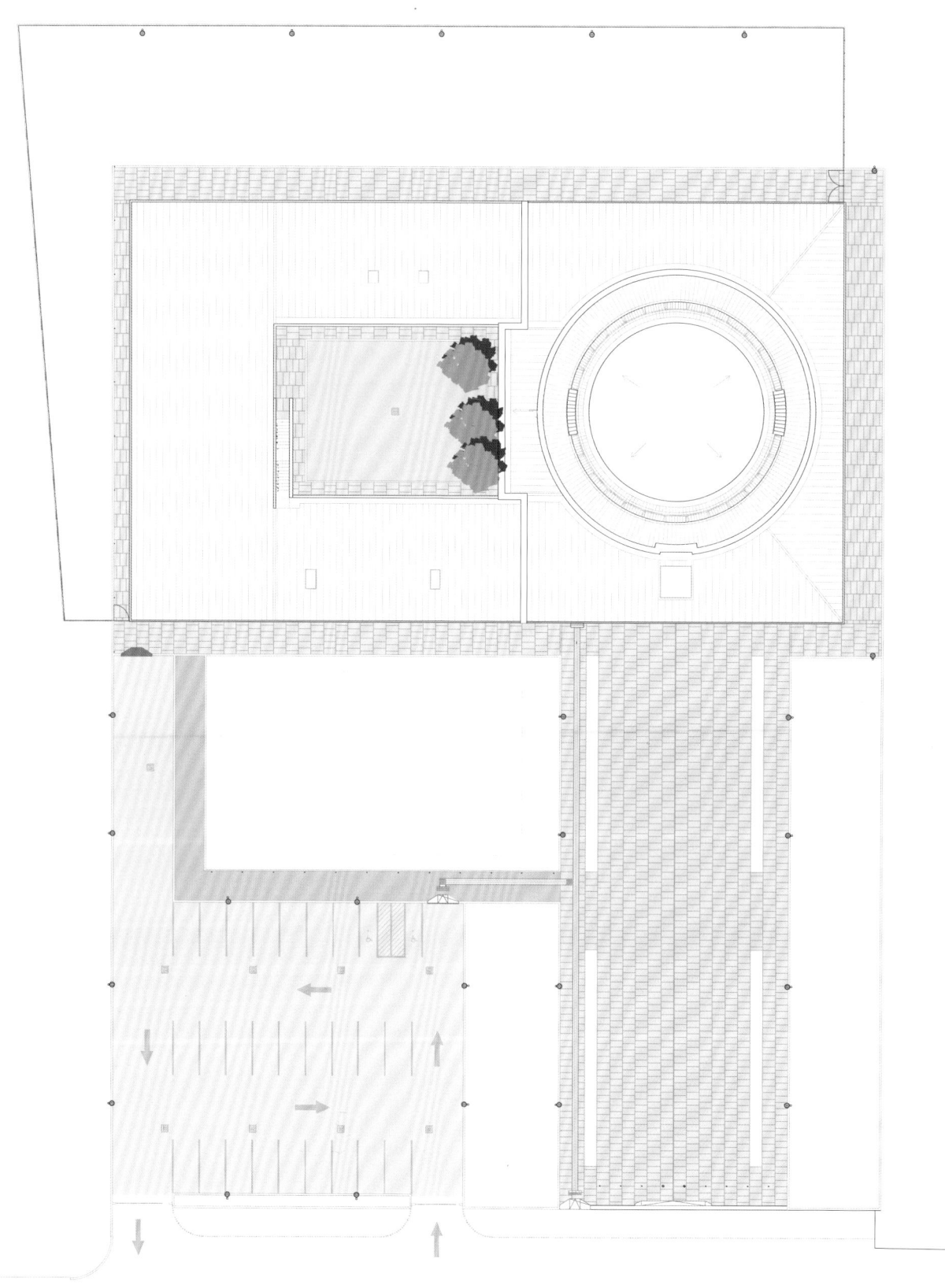

PROGETTI | PROJECTS | 123

Opere d'Arte, La Croce: dettagli costruttivi dell'istallazione sul volume dell'alula/La Croce, the artwork: details of the installation overlooking the hall; La Croce: dettaglio/La Croce: detail; Opere d'Arte, Il Crocifisso: immagini dell'opera in fonderia/Il Crocifisso: pictures of the artwork at the foundry; Il Crocifisso: bozzetto/Il Crocifisso: sketch

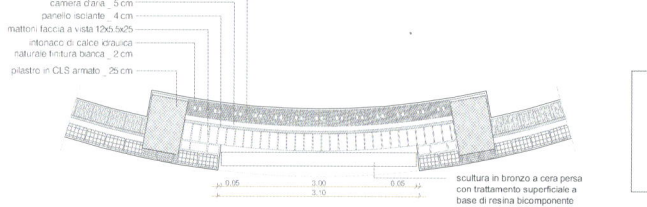
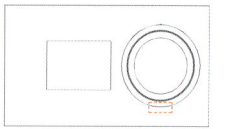

L'articolazione architettonica del complesso parrocchiale scaturisce dalla composizione di due geometrie elementari: il cerchio, forma pura per eccellenza, su cui si eleva l'edificio ecclesiastico, sede dell' "Eucaristia celebrata", ed il rettangolo del corpo basamentale, caratterizzato da un chiostro centrale attorno al quale si dispongono i locali di ministero pastorale, sede dell' "Eucaristia vissuta".
Il volume della Chiesa, caratterizzato da una doppia altezza, si pone al centro dell'intera composizione, dando origine al lungo sagrato pavimentato in pietra ricostruita. Il corpo basamentale misura l'intero lotto in direzione est ovest, si sviluppa su un unico livello, ed è caratterizzato da una tessitura in elementi di calcestruzzo armato, pigmentato all'ossido di ferro, per conferire alla teoria di elementi il caratteristico colore del laterizio, che, al pari delle costruzioni agricole della pianura del Sud Milano, filtra la necessaria illuminazione agli spazi interni.
I due volumi si compongono in corrispondenza del sagrato, dando origine ad un pronao perimetrale, che accoglie i fedeli filtrando il rapporto tra lo spazio pubblico ed il luogo sacro della Celebrazione.
L'Aula è fondata su un impianto costituito da due cerchi concentrici. Il cerchio interno accoglie l'aula definita dalla disposizione convergente delle panche verso il presbiterio.
L'aula è illuminata dalla luce naturale proveniente dal volume circolare esterno, che disegna un deambulatorio che avvolge l'intera assemblea.
Questo spazio ospita i luoghi liturgici: presbiterio, custodia eucaristica, fonte battesimale, penitenzieria. La posizione del presbiterio, posto al termine della sequenza prospettica, Sagrato_Porta_Aula_Abside, aggiunge alla centralità dell'impianto circolare un altro fondamentale elemento simbolico, l'assialità dello spazio, che culmina con la grande statua del Crocifisso di Nino Longobardi.

The architectural composition of the parish complex comes from the combination of two elementary geometries: the circle, a pure form par excellence, for the church itself, a place for the "celebrated Eucharist"; and the rectangle for the base block, with a central cloister surrounded by the pastoral ministry rooms, the place of the "lived Eucharist". The double-height volume of the Church is located in the middle of the composition, creating a long stone veneer paved churchyard. The one-storey base block has the same length as the East-West side of the lot, and its façades are marked by a texture of iron-oxide pigmented concrete elements. The colour recalls that of the bricks that, like in other agricultural buildings in the South Milan plain, act as a filter for the internal spaces illumination. The two volumes join on the churchyard, creating a perimetral path that welcomes the faithful and filters the public space and the sacred place of celebration.

The church is built around a two concentric circles layout: the most inner one is dedicated to the celebration with the benches converging towards the presbytery.

The natural light coming from the outer circular volume reaches the nave and defines a path all around the inner volume. This space hosts all the liturgical functions: the presbytery, the church tabernacle, the baptismal font, the penitentiary. The presbytery, located at the end of the perspective created by the Churchyard, the Gate, the Nave, the Apse, adds another fundamental symbolic element to the centrality of the circular layout: an axial space that culminates with the large Crucifix sculpture by artist Nino Longobardi.

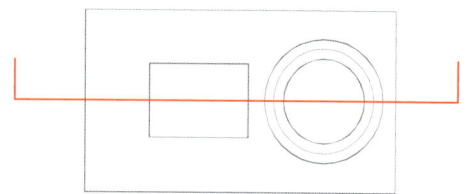
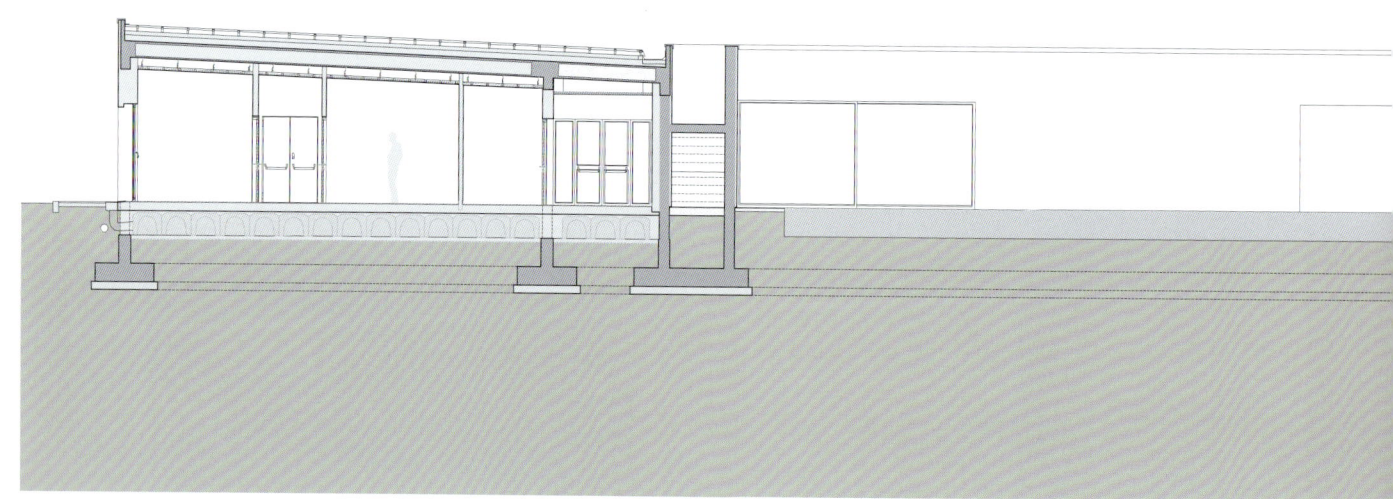

126 | ESPERIENZE DELL'ARCHITETTURA | EXPERIENCES OF ARCHITECTURE

Gli elementi strutturali incrociati che caratterizzano il coronamento del deambulatorio che circonda l'Aula Liturgica: viste interne ed esterne/ the crossing structural elements on the top part of the corridor that surrounds the liturgical hall: view from the inside and the outside; Sezione longitudinale sulla corte interna a l'aula liturgica/Long section of the inner courtyards and the liturgical hall

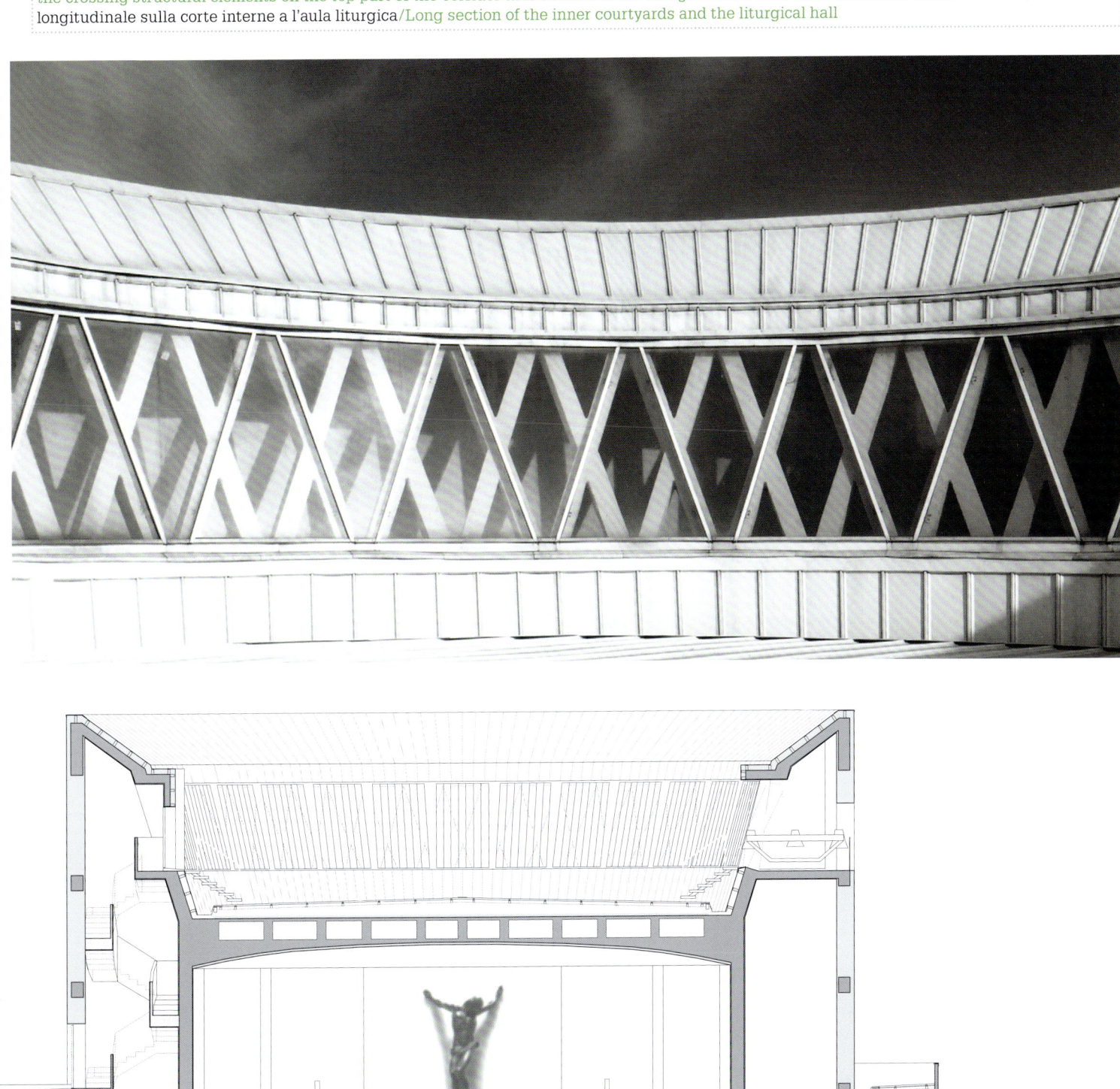

Pianta piano terra/Ground floor plan ; Sezione sulla Corte interna/section of the inner courtyard; Il chiostro dei locali di Ministero Pastorale e il volume dell'Aula Liturgica/The pastoral ministry rooms and the liturgical hall volume

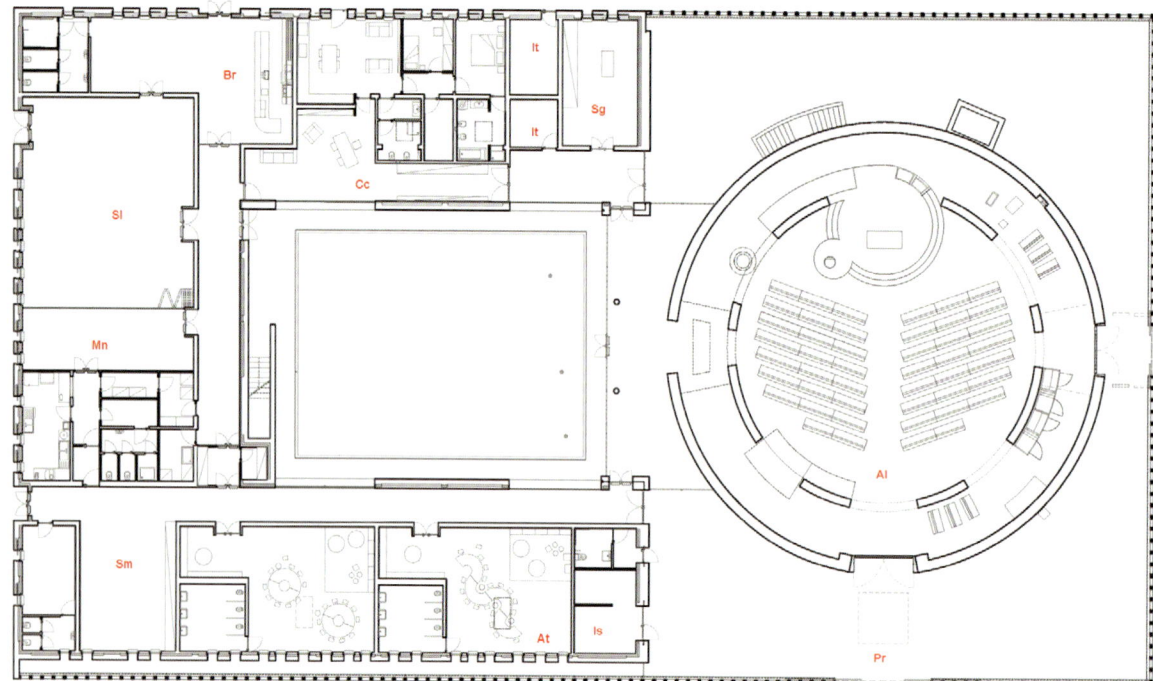

Legenda pianta piano terra

Pronao	Pr
Aula liturgica	Al
Sagrestia	Sg
Casa Canonica	Ms
Salone parrocchiale	Co
Bar	Br
Mensa	Mn
Scuola materna	Co
Sala attività libere	Br
Cucina scuola materna	Sm
Locale buonaa stampa	K
Locali tecnici	lt

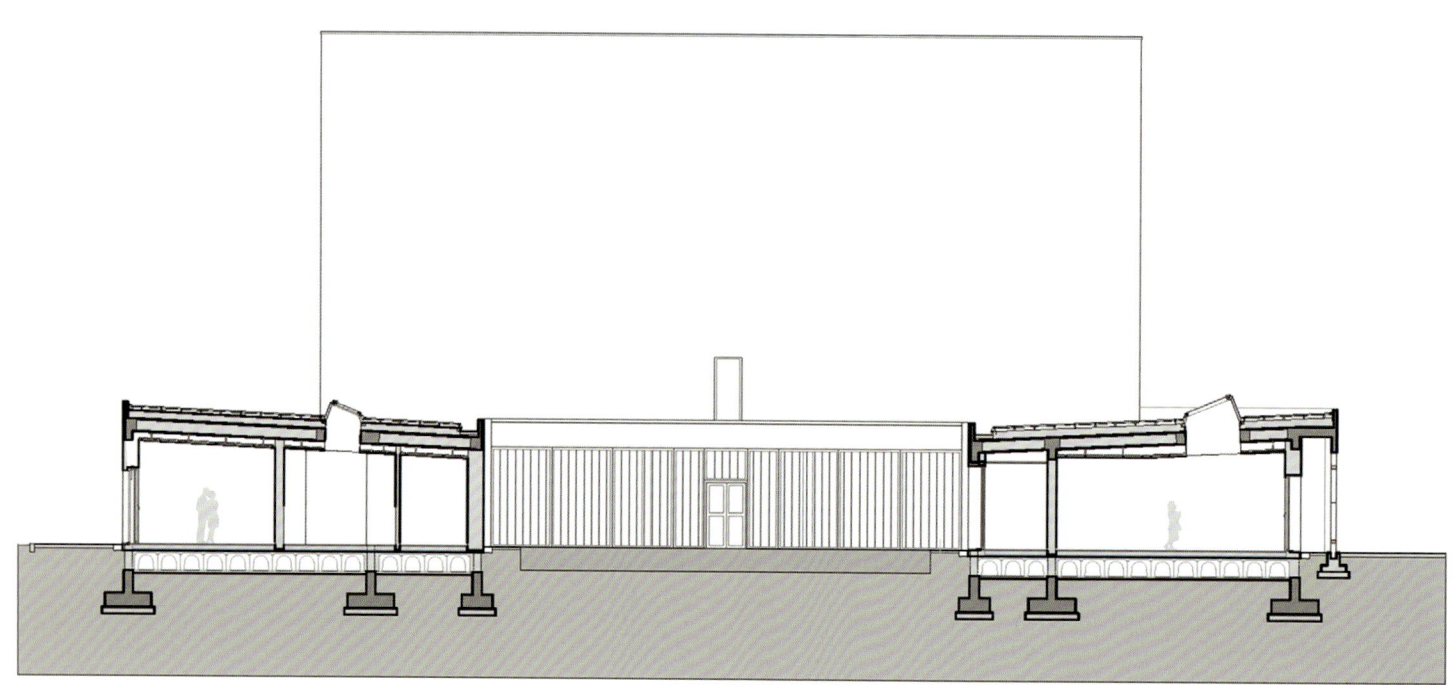

Il volume dell'aula e il pronao caratterizzato dagli elementi strutturali incrociati: dettagli/The hall and the pronaos with the crossing structural elements: details; Prospetto Est/East elevationt

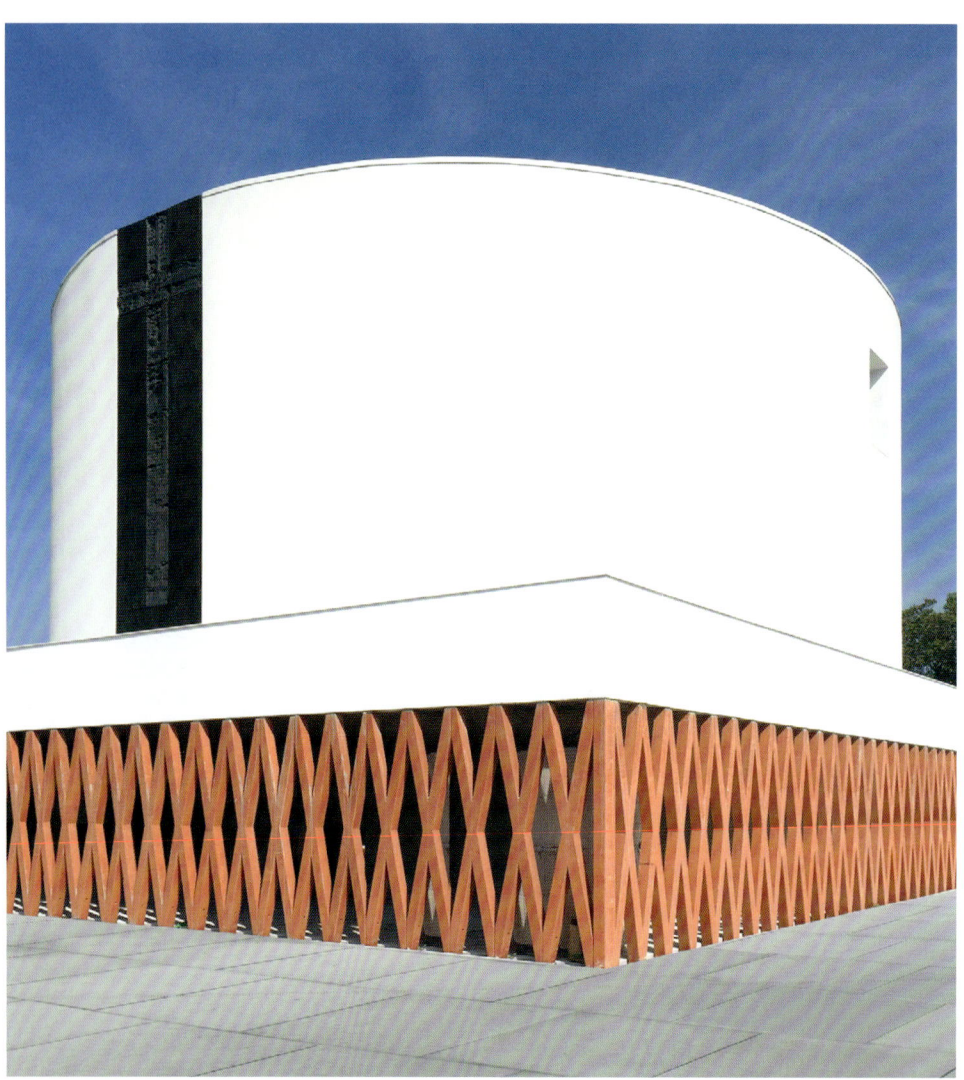

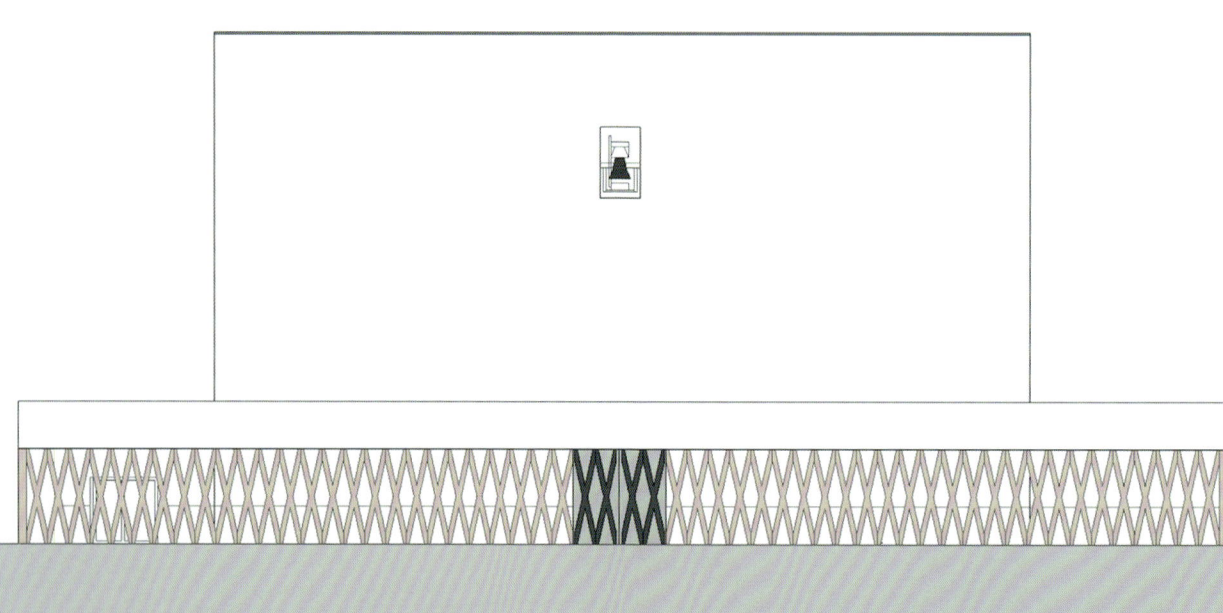

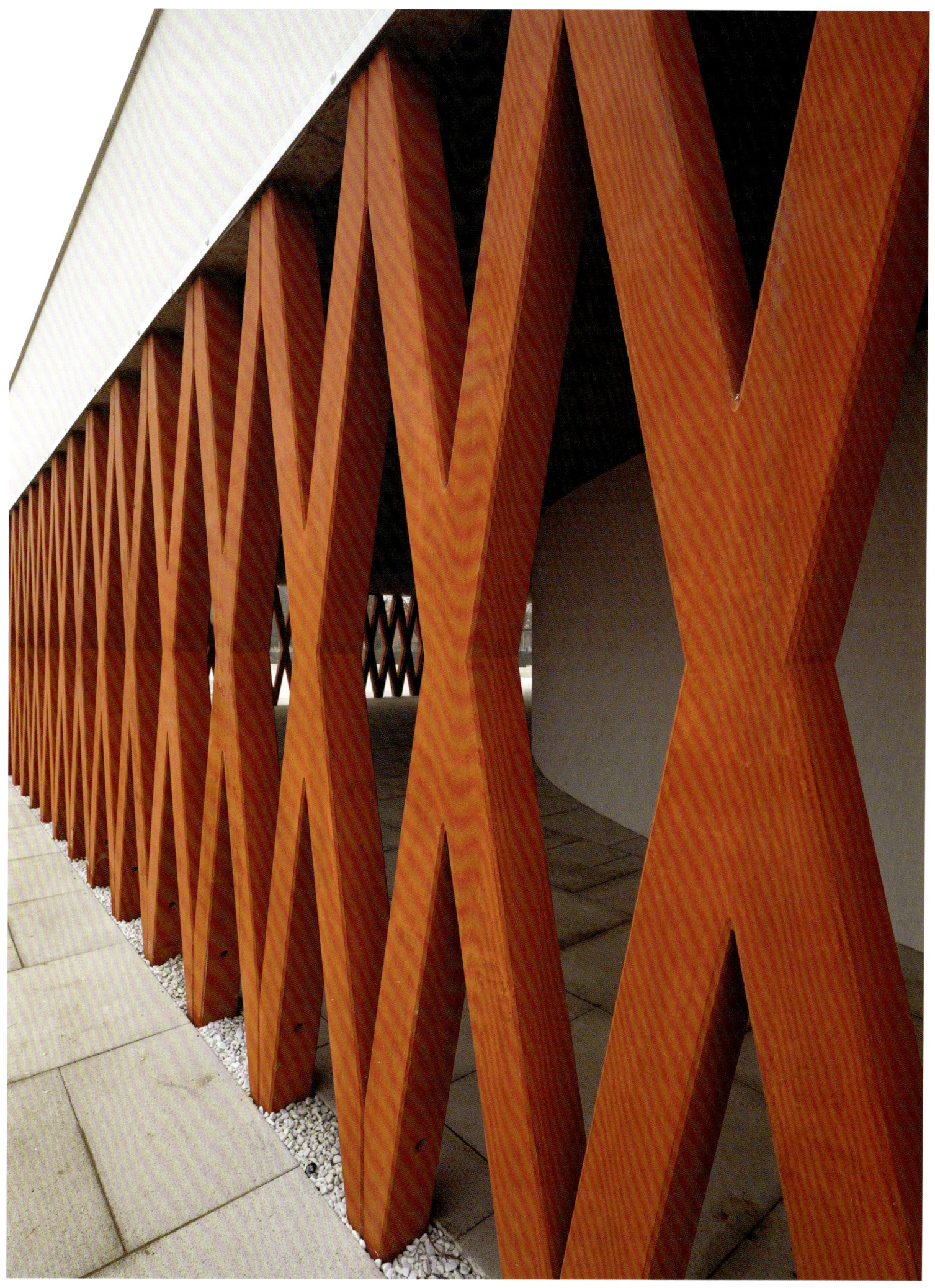

Pianta dell'aula liturgica/Liturgical hall floor plan; Il crocifisso e la struttura di coronamento del Deambulatorio/The crucifix and the top structures of the perimetral walking path

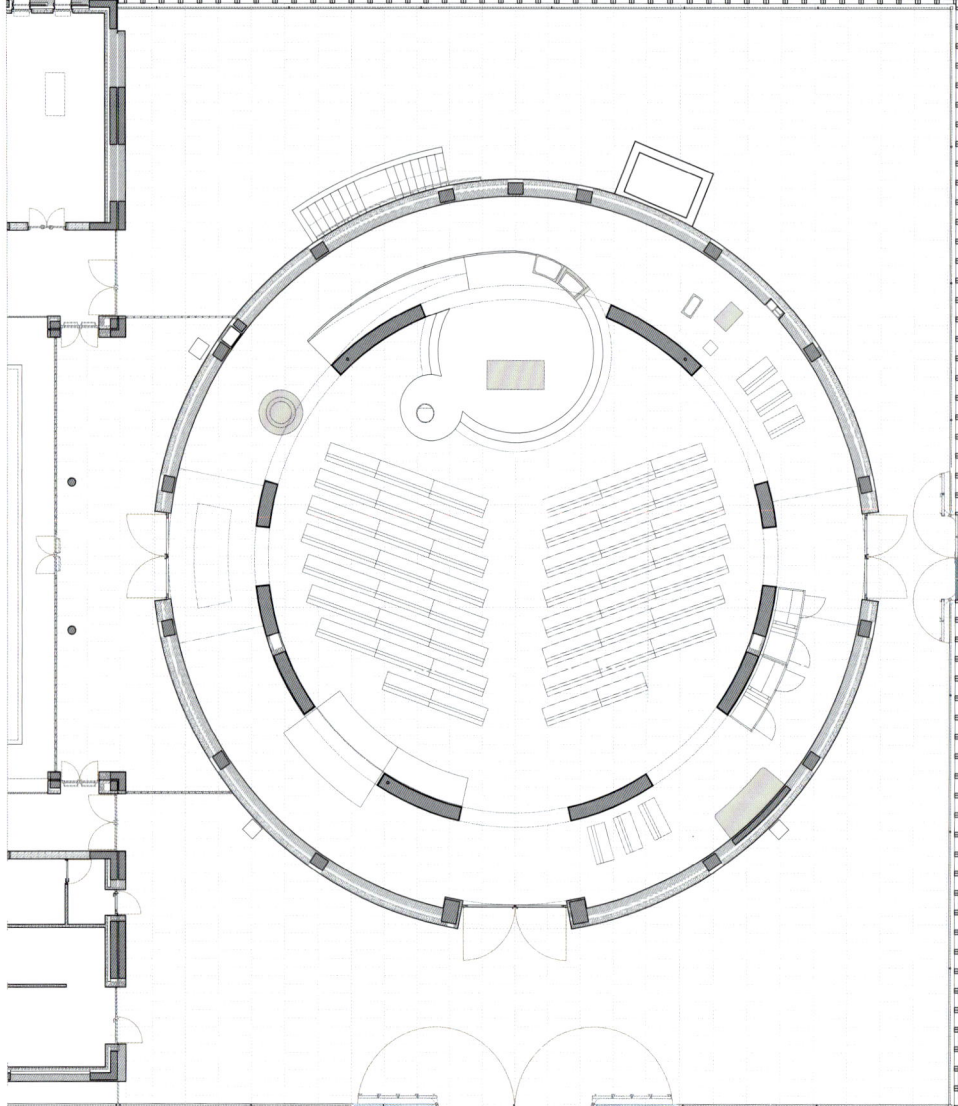

Legenda pianta AULA

Presbiterio	Pr
Cappella feriale e custodia eucaristica	Ce
Penitenzieria	Pt
Mensola per statua lignea della madonna delle grazie	Ms
Coro e organo	Co
Battistero	Bt

PROGETTI | PROJECTS | 133

Schizzi progettuali/Design sketches; **L'aula, l'altare e il Crocifisso opera di Nino Longobardi**/The hall, the altar and the Crocifisso by artist Nino Longobardi;

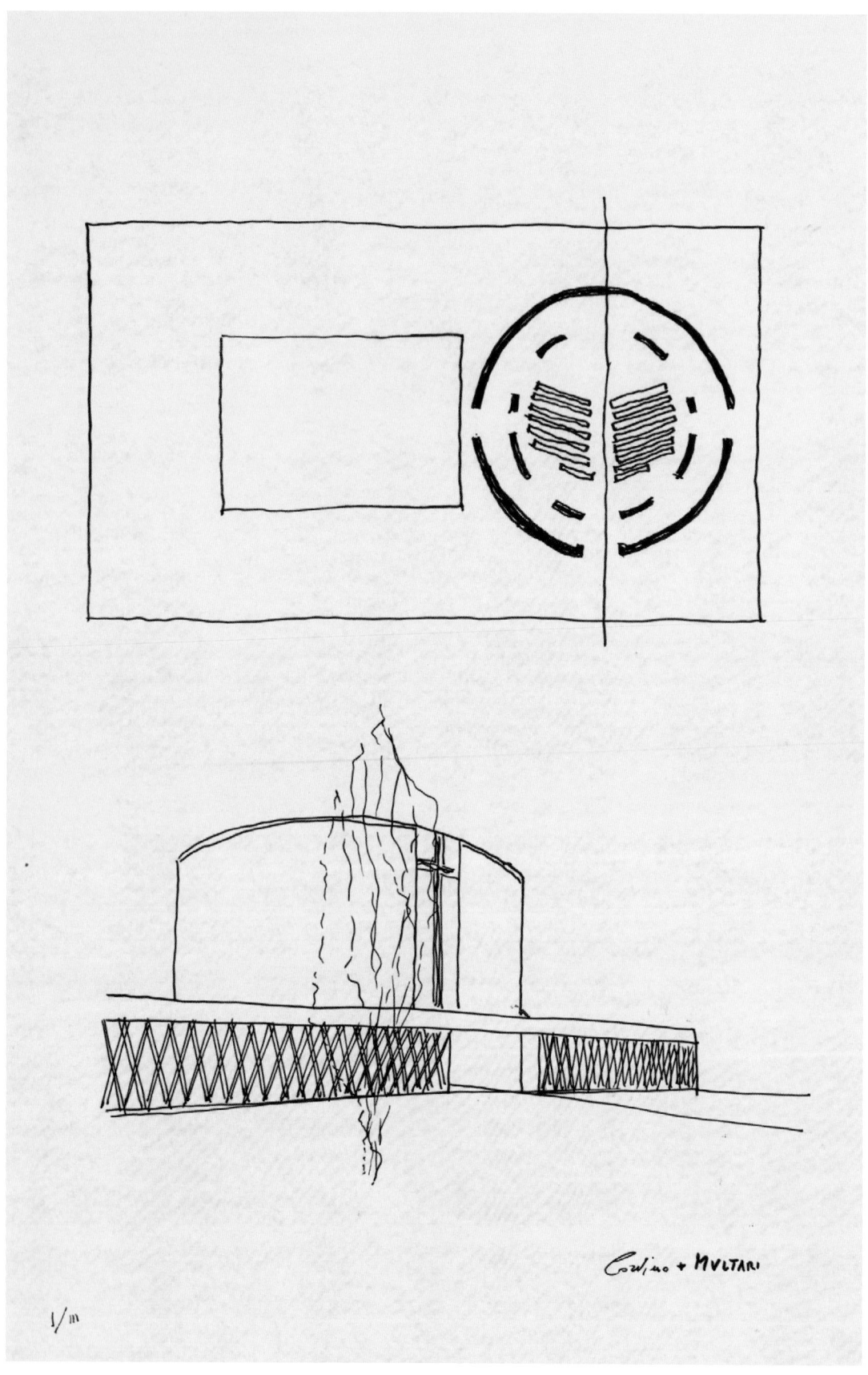

La tessitura in elementi in calcestruzzo armato, che caratterizza il basamento: schemi progettuali e immagini di cantiere/The texture created by the reinforced concrete elements of the base: design schemes and building site pictures; Il pronao protetto dalla tessitura in elementi in calcestruzzo armato/The pronaos enclosed within the reinforced concrete elements

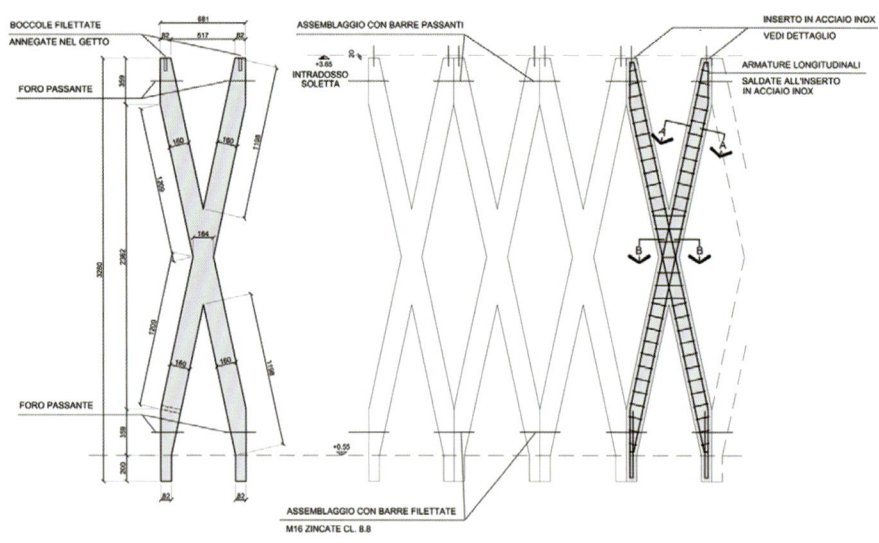

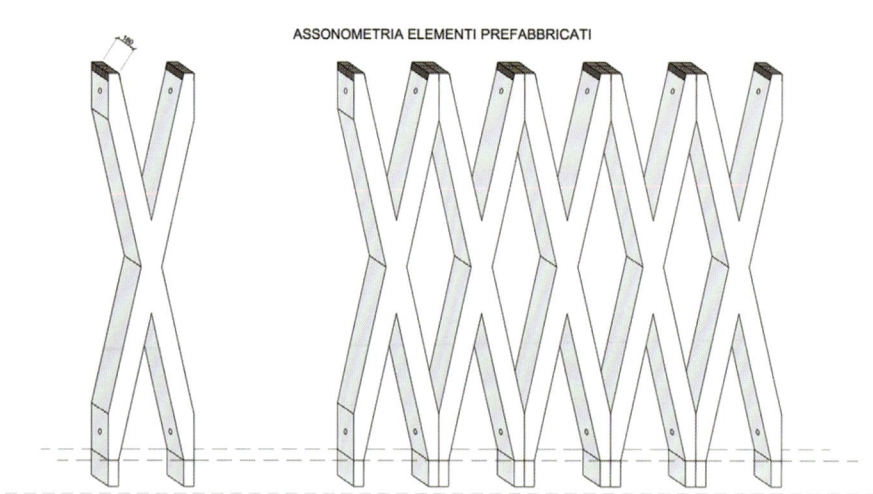

PROGETTI | PROJECTS | 137

Piazza Molino, residenze - uffici – commercio, Cosenza, 2002 - 2004

CONVERSAZIONE
con Vincenzo Corvino e Giovanni Multari

CONVERSATION
with Vincenzo Corvino and Giovanni Multari

Vincenzo Corvino e Giovanni Multari sono architetti nel profondo della loro esperienza! Da giovani "esordienti", agli inizi della loro carriera, animati da una costante curiosità hanno condotto tanto studi e ricerche, dentro l'ambito accademico e professionale, quanto sondato diverse vie del progetto e della sperimentazione intorno ad esso. Un percorso esemplare che deve far riflettere sugli esiti di questa intensa produzione, proprio lì dove cultura ed esperienza hanno prodotto architetture felici, solari, espressive, perenni. In questo senso Esperienze dell'Architettura, riprendendo il titolo di un efficace saggio di Ernesto Rogers (Esperienze dell'Architettura), rilancia proprio sui temi di etica e resistenza, maturità e costanza, che sono tutti rintracciabili nel percorso dei due architetti a cui abbiamo dedicato questa intensa monografia che raccoglie i loro ultimi e più importanti lavori. Nella conversazione che segue, che si snoda fra convivialità, amicizia, rigore professionale e teorico, e che segue nel tentativo di far emergere le questioni che guidano il lavoro di Corvino+Multari, si evidenziano con chiarezza temi e orientamenti che segnano questo sodalizio in maniera significativa nel panorama italiano e internazionale, con alcune importanti esperienze e una proiezione, nei prossimi anni, orientata a consolidare una posizione di rilievo nel dibattito e nella produzione progettuale. Soprattutto con una cifra riconoscibile: la fusione fra cultura del progetto e modello di sperimentazione profondamente intriso della cultura e dell'esperienza mediterranea.

G. Pino Scaglione
Trento. 19 Ottobre 2016

Vincenzo Corvino and Giovanni Multari are architects in the depths of their experience. As young "newcomers", at the beginning of their career, they lead studies and researches moved by a constant curiosity. They explored the academic and professional world, experimenting within the different ways of the project. An exemplary journey that suggests a reflection upon this rich production where culture and experience brought to happy, solar, expressive, everlasting works of architecture. In this sense, Esperienza dell'Architettura, recalling the title of a powerful essay by Ernesto Nathan Rogers (Esperienze dell'Architettura) stresses the themes of ethics and resistance, maturity and constancy, all traceable in the journey of the two architects we dedicated this monography to, collecting their latest and most important works. The following conversation, which winds between conviviality, friendship, professional and theoretical rigor, tries to bring to light the matters that guide Corvino+Multari's work.

The emerging themes and directions that significantly mark this partnership within the Italian and international scenario, with some important experiences and a projection, for the years to come, directed at the consolidation of a prominent position in the cultural debate and in the design production. But, above all, a recognizable peculiarity: the fusion between the project and an experimentation model deeply related to the Mediterranean culture and experience.

G.Pino Scaglione
Trento. 19 October 2016

PS Il lavoro che ci apprestiamo a descrivere con l'intervista è un percorso denso di tante cose, ed una occasione per riflettere, ad ampio raggio, sul vostro lavoro di architetti. Conosco le vostre architetture dagli esordi, e riguardando una vostra pubblicazione di qualche anno fa, ho ripercorso i segni di una maturazione progettuale interessante. Emerge una vostra affinità con l'arte che è stata una costante, soprattutto rispetto ad un vostro modo di essere architetti in un contesto particolare, Napoli e l'Italia. Quello che arriva dal mondo dell'arte è sempre qualcosa che apre un orizzonte molto più vasto, e questa vostra cifra ricorrente -Fermariello e il suo raffinato lavoro, Vesuvius straordinario, e tutta la vostra storia, dall'inizio, è segnata dall'esperienza con Paladino. Ecco comincerei proprio da questo: è stata una scelta, una casualità o è stata proprio l'idea di seguire un percorso attrattivo, suggestivo, invitante, e serviva ad aprire un altro mondo e portarlo dentro l'architettura?

VC *Ci piace guardare al progetto come a un luogo predisposto alla contaminazione, il dialogo con l'arte contemporanea è una occasione che noi immaginiamo caso per caso, sulla specificità del tema, perché le città sono state l'esito del rapporto fecondo tra artisti e architetti. Il nostro lavoro, che ha avuto un incipit iniziale con Mimmo Paladino per piazza dei Bruzi a Cosenza, non ha precostituita l'idea del coinvolgimento dell'arte contemporanea, ma chiede al progetto di esplicitare la peculiarità del tema, la specificità del caso e solo allora all'artista di far parte di un viaggio di conoscenza e esserne parte integrante. Non guardiamo all'arte come a una sorta di ornamento del progetto, ma come ad una parte attiva dell'azione da muovere verso il progetto. E' il caso dell'elmo di Paladino che rimanda all'elmo dei Bruzi della piazza omonima di Cosenza che l'artista immagina insieme a noi come un elemento che è parte integrante del disegno della grande vasca di marmo nero, parte compositiva del progetto stesso.*

Il piacere che abbiamo spesso di confrontarci con artisti del nostro tempo proviene da questa voglia, da questa capacità, da questa predisposizione all'ascolto, dall'intendere la elaborazione di una idea di progetto come possibilità di confronto, di contributo, di opportunità.

GM *Sicuramente quando inizi a fare un progetto, quando inizi a fare i primi progetti, non è che hai proprio una visione completa delle cose. Piazza dei Bruzi è stata un'occasione un po' casuale, un po', come dire, fatale che ci ha messo in contatto con gli artisti, così come richiedeva il bando del concorso. Il sindaco voleva che la piazza fosse riqualificata, però che avesse anche un monumento fatto da un artista insieme agli architetti. Allora questa casualità, di una domanda prevista nel concorso, non un approccio precostituito di Corvino e Multari, ci ha svelato il rapporto tra l'arte e l'architettura, uno dei temi del progetto per piazza dei Bruzi, che ci ha fatto scoprire la grandezza, in quel caso, di Mimmo Paladino, che nel lavorare ad un progetto per uno spazio pubblico si è dedicato non solo a produrre questa scultura molto particolare, l'Elmo di Bronzo, ma si è da subito interessato alla sua collocazione nella idea complessiva del progetto, confrontandosi con noi, leggendo lo spazio, leggendo la storia della città, osservando le dinamiche di quel luogo. Questa affinità, costruita ed elaborata anche con lo speciale contributo di Roberto Serino, ha partecipato attivamente alla stessa nostra idea di riqualificazione, ha alimentato il dialogo che si è fatto, grazie a questi straordinari interlocutori, colto, sapiente, interessante. Da lì abbiamo intuito l'importanza di quel confronto, che ha caratterizzato tutta la nostra storia ed i nostri progetti, un confronto sempre diverso, su temi diversi, ma un confronto per noi irrinunciabile. Lavorare con Mimmo Paladino, sulla nostra prima opera realizzata, nel 1998 è stato certamente anche un fortunato battesimo. Era il nostro primo concorso, il nostro primo progetto di opera pubblica. Era*

PS The work we are going to talk about in this interview is a very dense journey made of many things, and also a chance for a broad reflection on your work as architects. I've known your works of architecture since the beginning and, in going through a publication from a while ago, I recognized in your projects the traces of an interesting process of maturation. What emerges is a great affinity with art, a constant presence in your way of being an architect in a peculiar context such as Naples and Italy. What comes from art always opens to a much broader horizon, and it is a constant peculiarity of yours: Fermariello and his extraordinary work, the extraordinary Vesuvius and your story, since the beginning, marked by the experience with Paladino. This is what I would like to start from: was it a choice, a fortuity or was it the idea of following an inviting and suggestive path to open another world and bring it into architecture?

VC *We like to look at the project as a place open to contaminations, and the dialogue with contemporary art is an opportunity we imagine case by case, considering the specificities of each theme: the cities are the result of the fruitful relationship between artists and architects.*
Our work, started with Mimmo Paladino for Piazza dei Bruzi in Cosenza, does not include contemporary art a priori. The artist is asked to join this journey of knowledge only after the project has defined the peculiarities of the theme and the specificities of the case. We do not consider art as a sort of ornament for the project, but more as an active part of the path towards the project. It is the case of the Helmet by Paladino that recalls the Bruzi helmet in the Cosenza square of the same name. The artist imagined it side by side with us as an element to form a whole with the design of the large black marble fountain, a component of the project itself. The pleasure we have in collaborating with contemporary artists comes from this will, ability and attitude to listening and from the vision of a project as a possibility of discussion, of contribution and opportunity.

GM *Surely at the beginning of the project, at the beginning of the first projects, one doesn't necessarily see the whole picture. Piazza dei Bruzi was a coincidence, a fortuity, that got us in touch with the artists as asked in the competition program. The mayor wanted a requalification of the square, but also a monument designed by an artist together with the architects.*
At the time this fortuity, a requirement of a competition program and not the regular approach by Corvino and Multari, revealed us the relationship between art and architecture, one of the themes of the Piazza dei Bruzi project. It also revealed the greatness of Mimmo Paladino who, working on the project for a public space, not only designed this special sculpture –The Bronze Helmet– but also took part in the design process. He showed interest in the position the statue would have had in the general idea of the project, reading the space and the history of the city, observing the dynamics of the place. This affinity, built also the special contribution by Roberto Serino, took an active part in our very own idea of requalification, feeding the dialogue that became, thanks to these extraordinary interlocutors, cultured, wise and interesting. This is how we understood the importance of an exchange that pervaded our entire history and our projects: always different, always on different themes, but indispensable for us. Working with Mimmo Paladino on our first built work, back in 1998, was also a lucky start. It was our very first competition, our first project for a public work. It was the first time we had the responsibility of a 900 million Liras work, the first time we had a mayor as a client –an extraordinary one, Mayor Giacomo Mancini. An episode that became an experience and it has surely started to build that awareness we still build now, and we always try to improve. Art was a casual encounter for Piazza dei Bruzi, but

il primo progetto in cui avevamo la responsabilità di costruire un opera del valore di circa 900 milioni di lire, era la prima volta che avevamo la committenza di un sindaco, una personalità straordinaria in quel caso, il sindaco Giacomo Mancini. Un episodio che si è fatto esperienza, e che sicuramente ha avviato la costruzione dei primi gradi di consapevolezza che abbiamo continuato a costruire nel prosieguo e che ancora oggi puntiamo a migliorare. L'arte dunque è stata per piazza dei Bruzi un incontro casuale ma, quella casualità ha dato un contributo fondamentale al nostro lavoro. In quel caso l'artista è stato richiesto dalla committenza, altre volte, nei successivi progetti lo abbiamo proposto noi. Così è successo con il progetto di restauro della Torre delle Nazioni a Napoli, nel complesso della Mostra d'Oltremare, un edificio degli anni 30 il cui basamento era caratterizzato dal bassorilievo dei due artisti, Monaco e Meconio. Realizzato in calchi di gesso e andato distrutto nel dopoguerra, raffigurava scene di guerrieri, che facevano eco al regime. La scrittura di Sergio Fermariello, a cui abbiamo affidato l'intervento artistico, reinterpreterà il valore e il significato di quell'opera che, con un effetto chiaroscurale del basamento e del suo rapporto con la torre, salda quell'indissolubile rapporto che deve tornare oggi ad essere tra architettura e arte.

PS Passo ad un tema che penso sia intimamente collegato a questo ragionamento. Quindi l'arte non è un passepartout, per citare il famoso titolo di una trasmissione del nostro amico Philip Daverio, che per altro ultimamente è sempre inseguito e insegue gli architetti. Una cosa molto interessante che poi ritrovo nel vostro lavoro e anche in pochissimi altri architetti italiani che ha segnato e sulla quale da sempre quasi ossessivamente insisto è questo rapporto tra il guscio, la scatola e il contenuto e quindi nella felice continuità tra dentro e fuori. La capacità di controllare tanto il volume quanto l'interno del volume, tanto la pelle quanto le finiture. Che significa, secondo voi, nel progetto architettonico, spazio architettonico e spazio interno?

VC *Proverei a riparlare di consapevolezza. Ci piace immaginare il progetto come processo creativo, come parte integrante di un contesto. L'azione del progetto muove nel rapporto che c'è tra spazio domestico e spazio della città e vede nel nostro lavoro questo prevalente interesse per la dimensione dello spazio collettivo, dello spazio pubblico. Più che architettura degli interni o degli esterni ci piace immaginare un'architettura vista dall'interno o dall'esterno, conteso su quella sorta di linea di confine che, in realtà, divide anche lo spazio domestico dallo spazio pubblico. L'architettura che si fa sempre cerniera tra due mondi: il mondo dell'intimità e il mondo della condivisione. Questa consapevolezza o forse meglio questa posizione culturale di pensare all'architettura mai come oggetto, ma come luogo di appartenenza ad una forma urbis, ad un luogo, ad una identità, ad una definizione più ampia di paesaggio, detta anche un po' le "regole" della nostra azione. In questo modo le ragioni più intime della committenza, quelle che definiamo molte volte le condizioni materiali e immateriali dei luoghi determinano la domanda, ci fanno sempre immaginare un processo che tende all'essenzialità della risposta, nella quale il confine tra interno ed esterno è reso labile da un processo di assoluta continuità. Come dicevi anche tu, l'architettura italiana, in questo senso, offre straordinari esempi. Probabilmente non avremmo le architetture di Alvaro Siza se non avessimo avuto l'opera di Giuseppe Terragni o non avremmo le opere di Eduardo Souto de Moura se non avessimo visto quelle di Luigi Moretti. Questo sentire la continuità della storia è sicuramente un fatto essenziale al quale noi ci riferiamo, al quale noi sentiamo di appartenere.*

GM *Ogni volume, per usare il termine che ci hai proposto, è progettato per il suo contenu-*

that fortuity gave a fundamental contribution to our work. In this case the artist was requested by the client, in others we propose the figure. So it happened with the restoration of the Torre delle Nazioni in Naples, inside the Mostra d'Oltremare complex. It is a 1930's building with a base decorated by a gypsum bas-relief by two artists, Monaco and Meconio. It was destroyed during the war, and it depicted warriors scenes, how the regime used. The sign by Sergio Fermariello, appointed for the artistic intervention, will give a new interpretation to the value and the meaning of that artwork. The chiaroscuro effect of the base, and the meaning of its relationship with the tower, bring back together that unbreakable bond that should be today between architecture and art.

PS *I'll move to a subject that I reckon is intimately connected to what has been said so far. So art is not a passe-partout, to recall the famous T.V. show by our friend Philip Daverio, lately chased by architects and who also chases them. A very interesting aspect I found in your work and in the work of a very few Italian architects, on which I almost obsessively insist, is this relationship between the shell, the box, and its content, therefore the continuity between indoor and outdoor. The ability to control both the volume and the interior of the volume, both the skin and the finishing. What does it mean, for you, in the architectural project, architectural space and internal space?*

VC *I would try to go back to awareness. We like to think at the project as a creative process, as an integral part of a context. The project acts in the relationship between the domestic space and the city space, and our work is more addressed to the dimension of the collective and public space. More that interior or exterior architecture, we like to imagine an architecture seen from the inside or from the outside, contended on that sort of border line that actually divides domestic from public space. Architecture is always a*

to e viceversa. Quindi, come dire, la questione interno esterno è un falso problema. Un architetto che deve progettare un'architettura difficilmente può scindere questi elementi o altri perché diventa complicato, diventa un progetto fatto di pezzi che poi si sommano.
In questo senso il nostro lavoro è un lavoro che facciamo con questa consapevolezza, come detto, che è la consapevolezza delle regole del progetto. Sono regole che nascono da anni di lavoro, sono regole che abbiamo acquisito, che abbiamo conosciuto, che continuiamo a sperimentare, con le quali ci confrontiamo, sono regole che vengono dall'esterno, sono regole che arrivano dal mercato, dall'economia, sono regole che arrivano dalla vita di tutti i giorni, sono regole che impariamo costantemente da Napoli e dalla sua storia. Oggi, al tempo della crisi, queste regole sono cambiate, il progetto non vive più quella sapiente e propria complessità, ma è spezzettato, interrotto direi. Un progetto che per andare fino in fondo fa grande fatica. Tutto questo però non deve modificare il tuo modo di approcciare al progetto, perché anche cambiando il sistema dei vincoli, delle regole, non bisogna venire meno a quel complesso di azioni e di ragionamenti, come scherzosamente usiamo dire …. "bisogna tenere la barra dritta" !
Anche se il compito assegnato oggi è quello di realizzare il solo pavimento in un edificio, deve essere il pavimento per quell'edificio, che interpreta la conoscenza dell'edificio, lo spazio dell'edificio, la cultura dell'edificio.
Il restauro del Grattacielo Pirelli a Milano, è stato per noi, in questo senso, un "grande banco di prova", una grande esperienza. Un progetto di restauro in cui il lavoro di conoscenza ha reso chiaro quali fossero le regole di un progetto, quello di Gio Ponti e Pierluigi Nervi, scritte in modo, direi, indelebile. Non c'è stato un punto del nostro operare, delle nostre azioni, in cui non scoprivamo che tutto era come immaginavamo che fosse e quelle poche mosse che abbiamo fatto, quei pochi elementi che abbiamo inserito, sono stati fatti con quella idea di ascoltare la grande architettura di Gio Ponti, tenendo sempre presente il registro generale di questa grande opera del moderno italiano.

PS Giovanni parlava anche di un percorso, interessante, dal quale emerge il perché voi stiate a Napoli e non a caso. Intanto è una scelta che consegue ad un percorso di vita, di studi. Ma stare a Napoli significa due cose a mio avviso che mi piacerebbe capire e far capire ai nostri lettori. Uno è che cosa ha rappresentato per voi la scuola napoletana. E parallelamente, che cosa ha significato Napoli, che notoriamente è uno dei paradigmi delle contraddizioni italiane, e anche delle molte difficoltà di vivere in una condizione che è quella, anche suggestiva forse, del caos metropolitano. E' stato un limite, è stato uno stimolo o è stata anche una spinta surreale della città e quindi del contesto, in questo caso anche le sue meraviglie e i suoi limiti?

VC *Ho sempre visto l'opportunità di nascere e di vivere a Napoli come una grande occasione. Questa città straordinaria nei suoi limiti e nelle sue potenzialità ti consente, se vuoi, di viverla come città in senso assoluto. Napoli è un luogo di incontri e di confronti culturali internazionali significativi. Le mostre, le conferenze più interessanti passano in gran parte anche da questa città.
Non è un caso che noi siamo particolarmente debitori alla Scuola della Facoltà di Architettura nella quale ci siamo formati, dove architetti quali Alberto Izzo, Salvatore Bisogni, Michele Capobianco, Alfredo Sbriziolo hanno consentito alla nostra generazione di crescere ed alimentarsi. Non mi sento infatti "figlio di maestro", ma emanazione di attenti approcci culturali e di metodo. Questi eccellenti docenti, che hanno realizzato anche significative architetture, avevano la consapevolezza che architetti non si nasce ma si diventa, avevano la consapevolezza del processo e che non c'è architettura senza costruzione parafrasando la frase di Louis Kahn: "L'architettura non esiste, esiste*

connection between two worlds: intimacy and sharing. This awareness, or better, this cultural stand that imagines architecture not as an object, but as a place that belongs to a forma urbis, to a place, to an identity, to a broader definition of landscape, creates the rules for our action. In this way the most intimate reasons of a client –often defined as material and immaterial conditions of a place– create the demand and a process that points at an essential answer, where the interior/exterior border is lightened by an absolute continuity.
As you just said, Italian architecture offers extraordinary examples in this sense. We might not have Alvaro Siza's work if wasn't for Giuseppe Terragni, or Eduardo Souto de Moura's if it wasn't for Luigi Moretti. Feeling the continuity of history and constantly referring to it is definitely essential for us and for our work.

GM *Each volume, to use a term you proposed, is designed for its content and vice-versa. Therefore, the indoor-outdoor question is a non-problem. An architect who has to design a building can hardly separate this or other elements: it would turn complicated, it would become a project made of pieces joint together. In this sense our work is carried out with the awareness of the rules of the project. These are rules born from years of work, rules we have internalized, that we got to know, that we keep experimenting and confronting. These are rules that come from outside, from the market, from the economy, rules deduced from everyday life, rules we constantly learn from Naples and its history. Today, in a period of crisis, these rules have changed, the project no longer lives of that wise and own complexity but is fragmented. Interrupted, I daresay. It is a project that struggles to be completed, but all this must not affect the way one approaches to it. Changing the system of rules must not dismiss that collection of actions and thoughts. As we use to joke, "one must keep a steady hand on the tiller"!*

Even if the design includes only the flooring of a building, it must be the flooring for that building, a project that gives interpretation to its knowledge, its space and its culture. The restoration of the Pirelli skyscraper in Milan was an important test for us, a great experience. A restoration project that required finding the undeletable rules of the project by Gio Ponti and Pier Luigi Nervi through a deep study work. There was no step, no action of ours, that was different from what we imagined it would be, and the little elements we inserted were always conceived with a careful listening to the great architecture by Gio Ponti, keeping in mind the general language of such a great Italian modernist work.

PS Giovanni was also talking about an interesting path that shows the reasons why you are based in Naples. It is for instance a choice that comes after your studies, but being based in Naples means two things I would like our readers to understand. One is what does the Neapolitan school represent to you and what does Naples mean to you, as one of the examples of Italian contradictions and of the many difficulties of living in a condition, although suggestive, of metropolitan chaos. Was it a limit, a stimulus or a surreal push of the city and of the context, in this case of it marvels and its limits?

VC *Being born and live in Naples was always a great opportunity, in my opinion. This extraordinary city, with its limits and potential allows one to experience it as a city in an absolute sense. Naples is a place of encounters and of significant international cultural exchanges. The most important exhibitions and conferences almost always touch this city. It is no coincidence that we owe much to our alma mater, the Faculty of Architecture where architects such as Alberto Izzo, Salvatore Bisogni, Michele Capobianco, and Alfredo Sbriziolo allowed our generation to grow. I do not feel as "the son of a master", but the result of careful cultural*

CONVERSAZIONE | CONVERSATION | 147

l'opera costruita." L'essere a Napoli non ha mai voluto dire immaginarsi ai margini delle cose, ma vivere in quella dimensione in cui l'architetto è un uomo curioso in viaggio che sa mettersi in discussione e ama confrontarsi con altre realtà. Non è un caso che le nostre prime realizzazioni siano avvenute lontano dalla nostra città.

PS Insisto sull'interesse nel capire quanto è stata determinante Napoli come città nelle sue straordinarietà, ma anche nelle sue contraddizioni, nella sua caotica metropolitanità. E quanto parallelamente la scuola di architettura di Napoli, in fondo rispetto al resto d'Italia, abbia avuto dei professori che di fatto erano anche dei grandi progettisti, figure che portavano dentro la scuola la loro esperienza. Voi siete stati da questo punto di vista la generazione, forse l'ultima, che ha subito questa sperimentazione e anche questo insegnamento.

GM *Sicuramente non possiamo non dire che Napoli è importante nella nostra esperienza di architetti perché abbiamo studiato architettura in questa città, perché abbiamo iniziato il nostro lavoro qui e perché soprattutto viviamo Napoli. Negli anni in cui siamo stati studenti, ci sono stati, come si diceva, docenti molto importanti che sapevano coniugare l'insegnamento con la pratica del mestiere. Alberto Izzo, certamente è tra questi, io lo considero il mio maestro, nel senso più aulico del termine. Il suo insegnamento è stato formazione, sperimentazione, studio, pratica, opportunità, crescita. Lui come altri è stato allievo dei maestri che insegnavano nella Scuola Napoletana dopo la guerra, Canino, Calza Bini, Filo Speziale, De luca, Di Salvo e altri, la cui testimonianza ed i cui insegnamenti non sono andati dispersi, ci sono stati trasmessi. Abbiamo appreso da questa storia e da questa tradizione un'architettura che si fa forma, si fa materia, che testimonia le funzioni, trasforma la città, definisce le regole, disegna le piazze, lo spazio pubblico, la strada, la facciata, gli edifici.*

Professori che avevano consapevolezza del progetto, e soprattutto, proprio per questo, erano capaci di insegnarlo. Noi siamo stati fortunati perché siamo stati loro allievi. Quei professori ci hanno anche offerto l'opportunità, in un periodo di grande fertilità culturale della Facoltà di Architettura di Napoli, di partecipare nei primi anni successivi alla laurea ai seminari internazionali "Napoli, Architettura e Città", che hanno chiamato a raccolta intere generazioni di architetti italiani ed europei. L'incontro con Gonçalo Byrne, fu determinante. Il grande architetto di Lisbona, con i suoi racconti sulla luce dell'Atlantico tratti dalle scritture di Pessoa, ha indirizzato il nostro sguardo, ci ha insegnato a guardare, e cogliere, da architetti, attraverso il disegno, la forma dello spazio, del suolo e degli edifici.

PS E' proprio questa coincidenza della presenza di architetti che hanno sempre costruito e che nella costruzione hanno trovato la ragion d'essere, ma anche le ragioni di esprimersi, che vi spinge alla tensione del costruire, del fare, del tradurre il progetto in concretezza. Faccio una domanda che interessa molto i nostri lettori, abbiamo scoperto di avere un pubblico di studenti affezionati oltre che di architetti. Avere esperienze didattiche, avere continuato un rapporto con la scuola significa per voi anche continuare a stare vicino al mondo della ricerca, della sperimentazione. Ma come riuscite, oggi in un contesto anche abbastanza difficile a trasferire questo insegnamento?

GM *Abbiamo sempre lavorato all'interno dell'Università, non abbiamo difficoltà a portare avanti questa condizione di essere docenti della Facoltà di architettura di Napoli, fare il nostro mestiere, a volte scrivere, insomma essere in una rete di impegno, che affronta tutto come se fosse un'unica ricerca. Oggi registriamo la necessità, all'interno dei percorsi formativi universitari, di proporre anche una serie di esperienze concrete per gli allievi e per la loro formazione. Insegnare*

and methodical approaches. These extraordinary professors, who also built significant works of architecture, were well aware that an architect is made, not born; and were well aware of the process. They also knew well that there is no architecture without construction, quoting Louis Kahn "Architecture really does not exist.
Only a work of architecture exists." Being in Naples never meant feeling on the edges of things, but rather being an architect that's a curious traveller, who knows how to challenge himself and have an exchange with other realities. It is no coincidence that our first built works are located far from our city.

PS I am really interested in understanding how determinant has Naples been for you, as it is such an extraordinary city, with its contradictions, its being a chaotic metropolis. And how much the professors of Naples architecture school, compared to the rest of Italy, were also great architects that used to bring their own experience into the school.

You might be the last generation to have witnessed this experimentation and these teachings.

GM *We obviously have to admit that Naples is important in our experience as architects, because we studied here, because we started our practice here, and above all because we live Naples. During our years as students we had very important professors, as we said, that were able to combine teaching and professional practice. Alberto Izzo is undoubtedly among them, and I consider him my mentor, in the highest sense of the word. His teaching meant education, experimentation, study, practice, opportunity, growth. He, as many others, studied with the masters of the Neapolitan School after the war: Canino, Calza Bini, Filo Speziale, De Luca, Di Salvo and others whose lessons were not dispersed but, rather, passed on. This history and this tradition conveyed an idea of architecture that becomes form, matter, which shows the functions, transforms the city, de-*

Sede uffici Upteam Holding, Napoli, 2006 - 2007

il progetto è un compito molto difficile che presuppone una certa consapevolezza. Una Scuola oggi dovrebbe avere un corpo docente capace di accogliere nelle proprie fila architetti che possano integrare l'indispensabile compito formativo dei docenti di ruolo, mettendo la scuola in condizioni di invertire questa tendenza che vede il progetto oggetto di molte e diversificate interpretazioni, rimettendo al centro il suo ruolo, il suo significato, il suo valore. Anche la costruzione ed il cantiere, così come testimoniano esperienze recenti, devono essere parte di un percorso formativo che ha il compito di accumulare conoscenza nei nostri studenti.

PS E' quello che fa la differenza tra noi e l'estero tra l'altro...

GM *All'estero sono in questo senso radicali ... un professore che non realizza nessun progetto difficilmente insegna. Credo che ci sia una via intermedia, come detto, e quindi una buona pratica dell'insegnamento che proponga un corpo docente integrato. Questo spesso avviene in Italia con il sistema dei visiting professor che noi abbiamo avuto occasione di sperimentare a Cesena e a Napoli, nel Master in progettazione di eccellenza per la città storica. Proviamo ad insegnare sempre pensando che il progetto sia un'operazione di ricerca, che va immaginato per essere costruito. Stiamo decidendo di dare al nostro libro il titolo "Esperienze dell'Architettura", perché probabilmente riteniamo questo oggi il principale paradigma. Queste idee, questi progetti, e la loro costruzione vogliono essere semplicemente la testimonianza che l'architettura è ESPERIENZA.*

PS Veniamo a un tema a mio avviso interessante nel vostro lavoro: "la coppia". Come vi dividete i ruoli, le funzioni e anche come nasce nelle vostre due teste il progetto e qual è la genesi di un progetto? Come poi questo pensiero si traduce nel progetto e poi nell'edificio?

VC *Se architetti non si nasce, ma si diventa, anche coppie di architetti non si nasce, ma si diventa. Trascorsi un po' di anni, la solidità del nostro sodalizio ci consente di incontrarci anche più raramente, ma di condividere sempre la fase di concept, l'incipit del progetto visto in una condizione di luogo di studio. C'è sempre quella consapevolezza di lavorare come se l'altro fosse seduto al tavolo e questo viene dagli anni anche di pratica insieme che abbiamo condiviso. Una condivisione in senso ampio che spesso avviene in tempi rapidi condividendo gli esiti con il gruppo di lavoro. E qui veniamo a un'altra peculiarità del nostro studio. L'aver formato e consolidato il ruolo di storici collaboratori sin dai nostri inizi, di aver investito su un gruppo attorno al quale far crescere tanti giovani che da sempre hanno frequentato il nostro studio. Un gruppo che si è confrontato nel tempo con tante competenze, che hanno reso sempre più chiaro il nostro ruolo di architetti, il nostro principale compito di mantenere saldo il governo del progetto, il registro delle scelte, la nostra principale responsabilità di essere capaci di proporre, a tanta e tale complessità, una adeguata sintesi.*

PS Per completare questo giro di conoscenza c'è un'altra cosa sulla quale vi sfido, e cioè il tema del progetto sostenibile che, oltre che essere una moda è anche un'imposizione quasi mediatica. E' possibile che questo aggettivo, vuoto il più delle volte, perché talvolta si tratta solo di un processo ben impostato e portato avanti secondo determinate regole, sia invece declinato da Corvino e Multari, per esempio con un buon rapporto tra l'edificio e il contesto inteso a 360° dal clima, al suolo, ai materiali, ecc... può essere questa la via per un progetto sostenibile che non è solo processo, ma anche qualità?

VC *L'architettura è per definizione sostenibile. Il concetto di sostenibilità nella nostra formazione, in quello che noi cerchiamo di raccontare con le nostre idee è ingrediente*

fines the rules, and designs the squares, the public space, the street, the façade, and the buildings. As professors, they had a great awareness of the project and, therefore, were able to teach it. It has been a great fortune to be their students. Immediately after our degree, these professors also offered us the opportunity to take part, in a period of great cultural ferment for the Faculty of Architecture of Naples, to the international seminars "Naples, Architecture and a City", that gathered whole generations of Italian and European architects. Meeting Gonçalo Byrne was decisive. The great architect from Lisbon, with his tales about the light of the Atlantic Ocean taken from Pessoa's writings, gave direction to our research, teaching us how to look and to grasp, with the drawings, as architects, the shape of the space, of the ground, of the buildings.

PS And it is this incidental presence of architects who have always built their projects, finding in construction their raison d'être and a way to express themselves, that yields your urge to build, to make a project real and concrete. Here's a question that many of our readers will find interesting: we discovered we have a considerable audience of students, other that architects. Your experience in education, keeping close ties to the School, enables you to stay close to the world of research and experimentation. How do you manage, in such a difficult context, to pass this teaching on?

GM *We have always worked for our University, being professors of the Department of Architecture of Naples is second nature to us. We approach the entire process (writing, teaching) as a whole commitment, as in one broad research. Today it is necessary, within the universities curricula, to include some concrete experiences for the students and their education. Teaching the project is a very hard task that requires certain awareness: therefore a School, today, should comprehend practicing architects able to* enrich *the educational role of the professor. The university should be able to bring the role, the meaning and the value of the project back to the centre, dismissing the many different interpretation it is subject to. The construction site, as demonstrated by recent experiences, must be part of an educational path that provides knowledge to our students.*

PS: And this is what makes the difference between us and abroad…

GM *They are a bit radical in this sense, abroad: a professor who does not build his works, can hardly be appointed to teach. I think there is a halfway good practice that includes professors that are able to both teach and build. The 'visiting professors' scheme happens quite often in Italy, we also experimented it in Cesena and in Naples, at the Master in Design for the Historic City. We try to teach bearing always in mind that the project means research, it must be imagined to be built. We decided to name our book "Experiences of Architecture" because we think this is the main subject. These ideas, these projects and their construction want to testify that architecture is EXPERIENCE.*

PS Let's get to a subject that I find very interesting for your work: "the pair". How do you split tasks and roles? How does the project take shape in your two minds, what is the genesis of a project? How do you transfer this thought into the project and into a building?

VC *If an architect is made, not born, the same goes for pairs of architects. After some years, our relationship is so strong we can meet more rarely, but we still share the concept phase of the project in a suitable environment for the study. We always work as if the other one was sitting at the same table, thanks to many years of practice we spent together. The sharing concept is meant in a*

essenziale per cominciare a immaginare qualunque progetto. Quando Giovanni diceva che non riusciamo ad immaginare un'idea che non è pensata per essere costruita, questa affermazione ha dentro la consapevolezza che l'architettura ha un rapporto con l'ambiente, con il clima, con i consumi energetici e che questo si traduce in scelte che sono parte integrante di un'azione architettonica che non è mai disgiunta dal generale processo dell'architettura. L'architettura non può prescindere da questa capacità di dialogare con l'ambiente, con la natura, in quel rapporto natura-artificio, in quel dialogo che accoglie risorse, incentiva processi complessi, pensa a nuovi modelli di consumo, nient'altro che azioni che da sempre si sono fatte in architettura. Come si fa a non definire un progetto particolarmente sostenibile l'acquedotto del Vanvitelli? Ottimizzare il rapporto tra pieni e vuoti, snellire la struttura, immaginarla come macchina per trasportare l'acqua, ma allo stesso tempo avere la consapevolezza che l'inserimento nel paesaggio è azione di una particolare cura e ricerca. Tutto questo è architettura e quindi sostenibilità.

PS *Non a caso ho parlato di contesto, del progetto sensibile al contesto.*
Oggi questa sta diventando un'altra soglia di pericolo, cioè quella di dire: no ma è sostenibile, quindi va bene....

GM *Siamo arrivati a questo eccesso perché l'uomo ha sfruttato in modo eccessivo il pianeta Terra ben oltre quelle che erano le reali esigenze, e quindi tutta questa condizione è diventata estrema, ha fatto perdere di vista quello che era una necessaria tutela delle risorse, delle energie.*
In fondo bastava guardare la storia: La casa romana è la casa più sostenibile in assoluto! Questo vale soprattutto quindi in architettura. Avere perso un certo sapere della costruzione, avere trascurato regole di base, ha prodotto tanto degrado e tanto consumo. Oggi, preso coscienza di questo stato di cose, come spesso accade, siamo in una fase in cui si vuole avere un eccesso di controllo e tutto deve essere sostenibile. Ma la sostenibilità è qualcosa di più ampio, non è solo un criterio o sistema tecnologico da applicare alla costruzione. La sostenibilità deve essere anche sociale, economica, una sostenibilità di vita, dell'abitare, di un modo di condividere un luogo, di un modo di vivere quell'immaginario collettivo che è alla base di una comunità consapevole del significato e del valore del bene comune.

PS Vedi che la domanda sul sostenibile ci ha portato a parlare della situazione attuale, sulla contemporaneità e sul senso oggi di prendersi cura del bene comune. Il pretesto era quello di aprire il canale dell'etica, che è sempre stato affrontato forse anche un po' alla moda, senza che ci fossero reali contenuti ed esiti nei progetti. L'architettura tende ad essere estetizzante, nel suo messaggio finale. Ed è evidente che quello da architetti e da uomini del nostro tempo diventa l'uscita mediatica, che ci condiziona per il resto delle cose. Questo ragionamento mi sembra molto bello e molto educativo, verso i nostri lettori.
Ritorniamo a Corvino e Multari architetti: quale è stato il vostro progetto di svolta, quello in cui avete capito che probabilmente avevate trovato la sintonia?

VC *Ne abbiamo già fatto cenno prima. Costruire il primo progetto a piazza dei Bruzi è stato determinante anche per crederci. Partecipare a un concorso di progettazione ci ha consentito realmente ed efficacemente di arrivare a costruire l'opera. Cominciare con una piccola opera è fondamentale, questa è una cosa che siamo soliti raccomandare ai nostri studenti.*
I progetti di svolta sono tutti, anche alcuni che non abbiamo realizzato. Io non mi affeziono mai all'idea dell'uno, ma dell'insieme. E anche tanti progetti di concorsi non vinti rimangono come pagine importantissime.
PS Sarebbe bello, come quasi se fossimo

broader sense, and it often happens quickly and it's quickly reported to the team. And here's another peculiarity of our office: we have trained our collaborators since the very beginning, investing in a group that took part in the growth of the young professionals that came by our office.
This group had to deal with different competencies: it surely helped in furtherly clarify our role as architects. Our main task is to hold the reins of the project, to verify the language of the choices, while our main responsibility is to be able to provide an adequate synthesis to such a complexity.

PS To finish our tour, let me challenge you onto something more: the sustainable project. Other than a trend, it is also an imposition of the media. Can this adjective –that is empty, most of the times, because it is a merely well-set process that is carried out according to predefined rules– be interpreted by Corvino and Multari? I mean with a good relationship between the building and its context in its entirety (climate, ground levels, materials..). Can this be a way for a sustainable project that is not only a process, but means also quality?

VC *Architecture is sustainable by definition. The concept of sustainability, both in our education and in what we try to tell, is a basic ingredient for every project. When Giovanni said we conceive only ideas that can be built, he was explaining our awareness that architecture has a relationship with the environment, the climate, the energy consumption. This is translated into choices that are an integral part of an architectural action that is never detached from the processes of architecture. Architecture can never leave aside this ability to dialogue with the environment and with nature, a dialogue that includes resources, pushes for complex processes, and imagines new consumption schemes. Something that has always happened in architecture. How can one define the project for the aqueduct by Vanvitelli as non-sustainable? Optimizing the ratio between full and empty spaces, making the structure as slender as possible, conceiving it as a machine to carry water keeping in mind that inserting a structure in the environment must be done carefully and thoughtfully. All this is architecture, therefore sustainability.*

PS It is no coincidence I mentioned the context, a project that consider its context. This is getting dangerous today: saying "it is sustainable, so be it"….

GM *We got to this point because mankind went beyond necessities in exploiting the resources of Planet Earth. The whole condition became extreme, we lost the focus on the preservation of resources, of energies. We could have simply taken a look at history: the Roman house was the most sustainable of all! This applies to architecture, mainly. Losing touch with a certain construction mastery, neglecting some basic rules brought to decline and consumption. Today, having realized how bad things are, as it usually happens, we are living a phase dominated by an excessive control, where everything must be sustainable. But sustainability is something bigger: it is not a parameter or a technological system to use on a building. Sustainability must be social, economic. A sustainability of life, of dwelling, of a way of sharing a place, of a way of living the collective imagination that is the base for a community that is aware of the meaning and of the value of common good.*

PS The question about sustainability brought us to the current situation, to the meaning that taking care of the common good has today. The excuse was to open the discussion to ethics: a theme that has always been debated, maybe also according to trends, without a concrete content or an outcome as projects. Architecture is about esthetics, this is its final message. And it is what comes to the media that influences us

davanti a uno schermo, fare una carrellata dei vostri lavori. Una cavalcata di quello che avete fatto come studio in questi anni. Come se fosse una descrizione di immagini che scorrono.

GM *la prima immagine è quella di Piazza dei Bruzi, il progetto dell'avvio più che della svolta. Poi l'immagine del nostro incontro, un incontro avvenuto qualche anno prima, aver fondato Corvino e Multari e quindi aver condiviso un percorso, un luogo, una condizione di vita. Da lì le immagini sono tante … sono vent'anni che siamo insieme. Se vogliamo prendere dall'archivio e dalla memoria qualche fotogramma prendo Cosenza, via Rivocati, un'opera realizzata, un'opera che ha dato prova della nostra idea di costruzione dell'architettura, collocata in un luogo come se ci fosse da sempre.*
Poi l'immagine del quartiere militare borbonico a Casagiove, in provincia di Caserta, un'opera pubblica che recupera un grande monumento, favorendo un processo di apertura alla città per un suo uso più consapevole, capace di accogliere, capace di integrare culture diverse.
Infine il Restauro del Grattacielo Pirelli. Molti ci conoscono per quel progetto. Ce lo porteremo con noi per sempre, come un marchio a vita.

for the rest, as architects and as men of our time. This sounds very interesting and very educational too, for our readers. Let's go back to the architects Corvino and Multari: what was your turning point, the project that established your harmony?

VC *We already mentioned it. Building our first project in Piazza dei Bruzi was determining in believing too. Taking part in a competition allowed us to get to the actual construction of the project. Starting with a small work is fundamental, we always tell that to our students. Every project is a turning point, also those we didn't build. I don't grow feelings for the idea of one in particular, but for the idea of them all. Also many competitions we didn't win are very important steps.*

PS It would be nice to go through all your projects, as on a screen. Like a ride through your practice work of these years, as if we are describing a slideshow.

GM *The first image is Piazza dei Bruzi, the project we started with, more than the turning point. Then our encounter, a few years back. Establishing Corvino e Multari, sharing a journey, a place, a life condition. From then, the images become a lot. We have been together for twenty years. If you ask me to extract a frame from my memory, that would be Cosenza, via Rivocati. It is a built work, something that proved our idea of construction of architecture, placed as if it had always been there. Then the Borbonic military quarter in Casagiove, near Caserta: a public work for the restoration of a great monument that eases the opening to the city to a more aware use, able to welcome and integrate different cultures. Last but not least, the restoration of the Pirelli skyscraper. Many people got to know us for that project. It will be forever with us, as a birthmark.*

Restauro del Grattacielo Pirelli, Milano. Auditorium Giorgio Gaber, 2001 – 2002

Progetto M.U.S.P.
Moduli ad uso scolastico provvisorio
M.U.S.P. Project, Temporary School modules

Cronologia
Timeline
Progetto 2009
realizzazione 2009

Dati dimensionali
Dimensions
Lotto 10
Scuola primaria Amiternum
Superficie totale 2.791 mq
Lotto 20
Istituto Santa Maria degli
Angeli (nido, scuola per
l'infanzia, scuola primaria e
secondaria)Superficie totale:
1.606 mq

Committente
Client
Presidenza del Consiglio
dei Ministri – Dipartimento
Protezione Civile, Ufficio
Amministrazione e Bilancio

**Progetto architettonico
e Direzione artistica**
Architectural design and
Artistic Direction
Corvino+Multari
(Napoli – Milano)
Vincenzo Corvino,
Giovanni Multari

Impresa Esecutrice
Contractor
Impresa Generale di
Costruzioni Steda spa
(Vicenza)

Strutture
Structures
Sinergo spa (Venezia)

Impianti
Building services
Sinergo spa (Venezia)

Foto
Photos
© 2010 Studio F64 Paolo
Cappelli & Maurizio Criscuolo
Fotografi Associati, Napoli. All
rights reserved

Immagini/Drawings
© 2009 corvino+multari. All
rights reserved

+

L'Aquila, 2009

La Cartiera: Centro Integrato per l'Artigianato ed il Commercio
La Cartiera: Integrated Centre for Commerce and Crafts

Cronologia
Timeline
Progetto 2007
realizzazione 2012

Dati dimensionali
Dimensions
superficie utile: 39.893 mq
cubatura: 394.281 mc

Committente
Client
Fergos s.r.l. (Coopsette soc. coop.), Reggio Emilia –
Fingiochi S.p.A. Milano

Progetto architettonico e Direzione artistica
Architectural design and Artistic Direction
Corvino+Multari
(Napoli – Milano)
Vincenzo Corvino,
Giovanni Multari

Progetto definitivo strutture ed impianti
Structures and Building services final design
Engco S.r.l. - Napoli

Progetto esecutivo strutture
Structures detailed design
Ing. B. Boldrin - Genova

consulente interior e lighting design
Interior design and lighting consultant
Design International
Londra - Milano

Direttore dei lavori
Site supervisor
Ing. Alberto Zen
Reggio Emilia

Direttore dei lavori opere strutturali
Structural works site supervisor
Ing. B. Boldrin – Genova

Coordinatore della sicurezza
Safety Manager
Geom. P. Longobardi – Pompei

Consulenti
Consultants
R. Marone (Diritto Urbanistico),
L. Piemontese (Urbanistica),
F. Federico (Archeologia),
In.co.se.t. S.r.l. C. Troisi
(Trasporti), M. Cannaviello,
N. Guadagno (Impianti E
Sostenibilità Energetica),
Studio Tecnico Zaccarelli S.r.l.
F. Zaccarelli (Prevenzione
Incendi), B. Di Bartolomeo
(Paesaggio), P. Santarpia
(Agronomia), P. Cutino
(Geologia), Studio Tecnico
Longobardi, P. Longobardi
(Rilievo), S. Lubrano Lavadera,
G. Schiano Lomoriello
(Autorizzazioni Commerciali),
I.s.a.f. S.r.l. (Piano Di
Caratterizzazione E Bonifiche)

Foto e immagini
Photos and images
© 2012 corvino+multari.
All rights reserved

Foto
Photos
© 2012 Studio F64 Paolo
Cappelli & Maurizio Criscuolo
Fotografi Associati, Napoli. All
rights reserved

+

Pompei, Napoli 2012

Restauro del "Mercato Coperto" in Via Emilia S. Pietro
Restoration of the "Indoor Market" on Emilia S.Pietro Street

Cronologia
Timeline
Progetto 2009 - Inizio lavori 2009 - Fine lavori 2012

Superficie utile coperta
Indoor floor area
4.989 mq

Superficie spazi pubblici aperti
Outdoor public spaces area
2.571 mq

Ente banditore
Prize organization
Comune di Reggio Emilia

Sindaco
Mayor
Graziano Del Rio

Responsabile del procedimento
Process manager
Massimo Magnani

Committente
Client
La Galleria S.p.A.
(Coopsette soc. coop. e Tecton soc. coop. - Reggio Emilia)

Locatario Mercato Coperto
Indoor market lessee
Gruppo Coin S.p.A.

Alta sorveglianza della Soprintendenza per i Beni Architettonici e Paesaggistici per le province di Bologna, Modena e Reggio Emilia
With the supervision of the Soprintendenza per i Beni Architettonici e Paesaggistici for Bologna, Modena and Reggio Emilia
Paola (Grifoni Soprintendente)
Elisabetta Pepe (Responsabile di zona)

Progetto architettonico e Direzione artistica
Architectural project and artistic direction
Corvino+Multari (Napoli – Milano)
Vincenzo Corvino, Giovanni Multari

Lighting Designer
Mario Nanni

Strutture
Structures
ErreCi Ingegneri Associati (Reggio Emilia); Giovanni Ragazzi, Paolo Catellani

Impianti meccanici
HVAC
Temoprogetti (Reggio Emilia)
Maurizio Conforti, Enrico Zanni

Impianti elettrici
Electrical system
Progetec (Reggio Emilia)
Marco Ferrari

Progetto prevenzione incendi
Fire system
Alessandro Ansaloni

Coordinatore per la sicurezza in fase di progettazione ed esecuzione
Safety manager during design and construction
Andrea Bonori

Ufficio Direzione Lavori
Site management office
Opere di restauro – arch. Vincenzo Corvino (Corvino+Multari)
Opere strutturali, impianti e contabilità – ing. Alberto Zen

Responsabile dei Lavori
Works manager
Alberto Zen

Direttore tecnico del Cantiere
Technical manager on site
Andrea Castagnetti

Collaudatore statico in corso d'opera
Acepptance tester during works
Luciano Bellesia

Consulenti
Consultants
Carmen Del Grosso (Metodologia del restauro)
Franceschetti s.a.s. - Reggio Emilia (Rilievo)

Allestimento interni
Interior design
COIN Store Design
Stefano Caldato, Daniela Fornterrè

Foto
Photos
Kai Uwe Schulte Bunert

+

Reggio Emilia, 2012

Nuova Scuola Elementare
New Elementary School

Cronologia
Timeline
Progetto 2011/12
Inizio lavori 2011
Fine lavori 2013

Dati dimensionali
Dimensions
3000 mq

Committente
Client
Comune di Carate Brianza
MI, ATI B.C.C Agrileasing,
Consorzio Cooperative
Costruzioni, Malegori srl

**Progetto architettonico
e Direzione artistica**
Architectural project and
artistic direction
Corvino+Multari
(Napoli – Milano)
Vincenzo Corvino,
Giovanni Multari

Strutture
Structures
Studio salvatoni
(ing G. Galvatoni)

impianti
Building Services
Teco+ Partners

Giovane professionista
Young Professional
Giovanni Podestà

RUP
Process Manager
Ing. Giuseppe Amodeo

Foto e immagini
Photos and images
©2013 Studio F64 Paolo
Cappelli & Maurizio Criscuolo
Fotografi Associati

+

Carate Brianza, Milano, 2013

24 alloggi in zona PEEP
24 Apartments in a PPH area

Cronologia
Timeline
Progetto 2009
realizzazione 2014

Dati dimensionali
Dimensions
superficie complessiva
3.317 mq
volumetria complessiva
10.686mc

Committente
Client
Soc. Coop. C.E.L.T. arl (Napoli)

Strutture
Structures
ing. Corrado D'Alessandro
ing. Gianfranco Di Tella

Impianti
Building Services
ing. Roberto de Rosa

Impresa Esecutrice
Contractor
CT Costruzioni, Casoria

RUP
Process Manager
dott. Francesco Accarino

Foto e immagini
Photos and images
©2014 Studio F64 Paolo
Cappelli & Maurizio Criscuolo
Fotografi Associati

Quarto, Napoli 2014

Nuovo Complesso Parrocchiale della Diocesi di Lodi a Dresano
New Parish Complex in Dresano, Lodi diocese

Cronologia
Timeline
Progetto 2009

Dati dimensionali
Dimensions
3000 mq

Committente
Client
Conferenza Episcopale
Italiana, Diocesi di Lodi

Progetto architettonico e Direzione artistica
Architectural project and artistic direction
Corvino+Multari
(Napoli – Milano)
Vincenzo Corvino,
Giovanni Multari

Strutture
Structures
Studio salvatoni
(G. Galvatoni)

Impianti
Building services
ing. Luigi Sgobaro

Acustica
Acoustic Engineering
ing. Gianpiero Majandi

Direzione dei lavori
Site Supervisor
arch. Ivan Chiesa / arch. Mino Carella / Claudio Rotta

RUP
Process Manager
arch. Roberto Spagliardi

Opere d'arte
Artworks
Nino Longobardi

Consulenti
Consultants
A. Giannotti (Liturgia),
R. Caniparoli (Geologia)

Foto e immagini
Photos and images
©2016 Studio F64 Paolo
Cappelli & Maurizio Criscuolo
Fotografi Associat

Dresano, Milano, 2016

Vincenzo Corvino (1965) e Giovanni Multari (1963) svolgono attività didattica e di ricerca presso l'Università degli Studi di Napoli "Federico II", Dipartimento di Architettura, Master di II livello in Progettazione di Eccellenza per la città storica. Sono stati invitati, in qualità di tutors, a numerosi Workshop Internazionali di progettazione e sono stati professori presso l'Università degli Studi di Bologna Alma Mater Studiorum – Dipartimento di Architettura Aldo Rossi. di Cesena. Nel 1995 fondano lo studio corvino + multari con sede a Napoli e uffici a Milano, partecipano a diversi concorsi internazionali a seguito dei quali realizzano edifici per abitazioni, uffici pubblici e privati e riqualificazione di spazi pubblici aperti. Nel 2000 con Piazza dei Bruzi e nel 2003 con la Sede degli Uffici della Azienda Ospedaliera di Cosenza sono segnalati con targa d'argento al Premio Europeo "Luigi Cosenza", nel 2001 con il Recupero del Quartiere Militare Borbonico a Casagiove sono vincitori della III edizione del Premio Centocittà bandito dalla Compagnia di San Paolo. Progetti e realizzazioni sono stati esposti in mostre personali e collettive a Milano, Roma, Napoli, Bolzano, Lucca, Narni, Parma, Graz, Cracovia, Praga, Varsavia, L'Avana, Parigi, Berlino, Londra, Barcellona, Zurigo e New York e pubblicati su riviste nazionali ed internazionali di architettura tra le quali Casabella, Abitare, Domus, Area, d'A, Concept, the plan, World Architecture. Diverse sono le opere e i progetti che testimoniano un dialogo contemporaneo tra arte e architettura. Esperienze sono state condivise con Mimmo Paladino, Nino Longobardi, Sergio Fermariello, Anna Maria Pugliese, Lello Esposito, Pierre Yves Le Duc Nel 2005 la rivista Ventre ha dedicato il primo numero monografico della collana Ventre zoom al loro lavoro, pubblicando la monografia: Corvino + Multari 1995-2005. Nel 2006 con il progetto di Restauro del Grattacielo Pirelli Milano sono vincitori del Premio Speciale per il Restauro al Concorso Medaglia d'Oro all'Architettura Italiana indetto dalla Triennale di Milano. Nel 2006 e nel 2012 partecipano alla 10ma e alla 13ma Biennale di Architettura di Venezia. Nel 2010 l'Editore Graus di Napoli pubblica il DVD corvino+multari: Vesuvius di Gianpaolo De Siena, un progetto editoriale che racconta i 15 anni di attività dello studio. Nel 2013 con il progetto per il "Centro integrato per l'artigianato ed il commercio" a Pompei (Na), si aggiudicano il 2° premio alla nona edizione del Grand Prix Casalgrande Padana, per la tipologia "Centri Commerciali". Nel 2016 il progetto per Pompei ottiene la Menzione d'Onore nell'ambito dei The Plan Awards, nella categoria "Retail".

Tra i progetti in corso: Piano di recupero della ex Manifattura Tabacchi; Parco Acquatico di Rende (CS); Stazione Castellammare Centro della Circumvesuviana a Castellammare di Stabia (NA), Edificio di servizio agli studenti nel Campus Universitario di Arcavacata (CS); Recupero e rifunzionalizzazione della sede del Governo Regionale della Campania in Via S. Lucia Napoli; Restauro della Torre delle Nazione nella Mostra d'Oltremare, Napoli; Nuova sede della Banca BCP di Torre del Greco (NA)

Vincenzo Corvino (1965) and Giovanni Multari (1963) carry out teaching and research activities at the University of Naples "Federico II", Department of Architecture, Master's degree course in Design for Historic City.
They were tutors in several international design workshops and professors at the University of Bologna Alma Mater Studiorum – "Aldo Rossi" Department of Architecture, Cesena. In 1995 they established corvino + multari, based in Naples and with offices in Milan. They took part in several international competitions resulting in the construction of house blocks, public and private offices, public spaces requalification.
In 2000 the project for Piazza dei Bruzi and in 2003 the project for Cosenza Hospital Direction Headquarters awarded them the silver plate for the European Prize "Luigi Cosenza". In 2001 with the Requalification of the Borbonic Military Quarter in Casagiove they won the III Edition of the Centocittà Prize, announced by the Compagnia San Paolo. Projects and built works were part of personal an collective exhibitions in Milan, Rome, Naples, Bozen, Lucca, Narni, Parma, Graz, Krakow, Prague, Warsaw, L'Avana, Paris, Berlin, London, Barcelona, Zurich and New York. They were also published on national and international architecture magazines such as Casabella, Abitare, Domus, Area, d'A, Concept, the plan, World Architecture. Many of their works and projects testify this contemporary dialogue between art and architecture. Their experiences were shared with Mimmo Paladino, Nino Longobardi, Sergio Fermariello, Anna Maria Pugliese, Lello Esposito, Pierre Yves Le Duc. In 2005 the Italian magazine Ventre dedicated the first monographic volume of the Ventre zoom collection to their work: Corvino + Multari 1995/2005. In 2006 with the restoration project of the Pirelli skyscraper they were awarded the Special Prize for Restoration in the Medaglia d'Oro all'Architettura Italiana competition, announced by the Triennale of Milan. In 2006 and 2016 they took part in the 10th and the 13th Venice Architecture Biennale. In 2010 Naples-based Graus Editions publishes corvino+multari: Vesuvius, a DVD by Gianpaolo De Siena, a project that covers 15 years of practice. In 2013 the "Integrated centre for Commerce and Crafts" in Pompeii (Naples) project awarded them the second prize to the 9th edition of Casalgrande Padana Grand Prix in the "Shopping Centres" category. In 2016 the project for Pompeii is awarded the Honourable Mention within the The Plan Awards in the "Retail" category. Projects in progress: Requalification of the former Tobacco Factory; Rende Aquatic Park (Cosenza), Castellammare Centro station of the Circumvesuviana line in Castellammare di Stabia (Naples); Service Building for Students in the Arcavacata University Campus (Cosenza); Requalification and repurposing of the Campania Regional Government building in Santa Lucia street (Naples); Restoration of the Torre delle Nazioni within the Mostra d'Oltremare in Naples; New BCP Bank offices in Torre del Greco (Naples).

STUDIO MILANO

STUDIO NAPOLI

CONCORSI E PREMI

2015

Restauro del Tempio della Scorziata

Napoli
Gara nazionale
1° classificato

Torre Direzionale Nuovi uffici Comunali

Casoria, Napoli
Concorso internazionale
1° classificato

2013

2012

Masterplan Design District e Torre dell'Italian Creative Design Center

Shanghai
Concorso internazionale
Menzione

2010

Nuova Biblioteca Generale Centrale cultura e informazione

Monza
concorso internazionale in due fasi (II fase)
Menzione

2009

Cittadella del Cibo

Parma
Project Financing
1° classificato

Ampliamento della Sede del Consiglio Regionale della Calabria

Reggio Calabria
Concorso internazionale
1° classificato

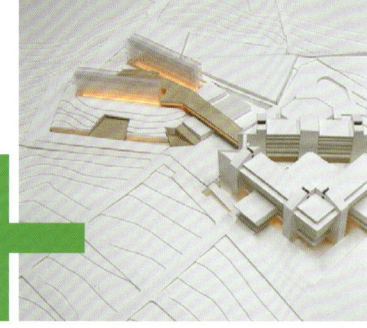

Museo II Guerra Mondiale

Danzica, Polonia
Concorso internazionale

Il borgo sostenibile a Figino

Milano
Concorso internazionale

Riqualificazione urbana area ex Salamini

Parma
Concorso internazionale
1° classificato

Restauro della Sede della Giunta Regionale della Campania

Napoli
Concorso nazionale
1° classificato

Complesso parrocchiale Madonna delle Grazie Diocesi di Lodi

Dresano, Milano
Concorso nazionale
1° classificato

Stazione di interscambio dell'alta velocità tra la linea a monte del Vesuvio e la Circumvesuviana

Striano, Napoli
Concorso internazionale
menzione speciale

Programma di Recupero Urbano, Soccavo

Napoli
Concorso nazionale
1° classificato

COMPETITIONS AND PRIZES

2007

Centro Europeo per le Creatività Emergenti

Rimini
Premio Innovazione e Qualità Urbana
1° premio

Sviluppo paesaggistico e riqualificazione dell'abbazia benedettina di Tyniec

Cracovia
Concorso internazionale
menzione speciale

Restauro Grattacielo Pirelli

Parigi
European Aluminium in Renovation Award
premio speciale

Restauro Grattacielo Pirelli

Milano
Aluminium in Renovation Award - Italia
1° premio

Riqualificazione dell'area Ospedale Maggiore Policlinico, Mangiagalli e Regina Elena

Milano
Concorso internazionale
II Fase

Development of a planning and architectural concept for the Congress Centre in Krakow

Cracovia
Concorso internazionale
menzione speciale

Restauro e riqualificazione del Mercato Coperto di via Emilia S. Pietro

Reggio Emilia
Concorso internazionale p.f.
1° classicficato

2006

Ampliamento Collegio Università Milanesi

Milano
Concorso internazionale
2° premio

New Campus for Bezalel

Gerusalemme
concorso internazionale

The National Library of the Czech Republic

Praga
Concorso internazionale

2005

Restauro Grattacielo Pirelli

Triennale di Milano
Medaglia d'Oro all'architettura Italiana
premio speciale

Parco Urbano a Bagnoli

Napoli
concorso internazionale ad inviti
3° premio

ANAS S.p.a.: Il Tunnel, il Ponte e la Storia

Campagna, SA
concorso internazionale in due fasi
2° premio

2004

Spazi di ristoro in tre Musei napoletani. Tema 1: Certosa e Museo di S. Martino

Napoli
Concorso internazionale

3 nuove scuole a Roma

Roma
concorso internazionale ad inviti
2° classificato

2003

Centro Europeo per le Creatività Emergenti

Pontecagnano, SA
Concorso internazionale
1° premio

2002

Restauro del Tempio Duomo al rione Terra di Pozzuoli

Pozzuoli, Na
concorso internazionale ad inviti
selezionato

2001

"Piazze 2001" - Piazza Ohm

Milano
concorso internazionale in due fasi
1° premio

Sede dell'Inarcassa

Roma
concorso internazionale ad inviti
2° classificato

2000

Quartiere Militare Borbonico "L'altra Reggia"

Casagiove, CE
concorso nazionale
Premio Centocittà - ed 2001
1° premio

Restauro di Palazzo Mastrilli

Cardito, NA
gara nazionale
1° classificato

Piazza dei Bruzi

Napoli
premio europeo Luigi Cosenza
opera selezionata

Palazzo Aronne

Catanzaro
gara nazionale
1° classificato

"Cinque Piazze per Milano" Gabrio Rosa, Piazza Tirana, Piazza Costantino

Milano
concorso internazionale in due fasi
1° premio, 2° premio, 3° premio

1999

Sede Motorizzazione Civile

Avellino
gara nazionale
1° classificato

1998

Concert Hall

Sarajevo
concorso internazionale
selezionato

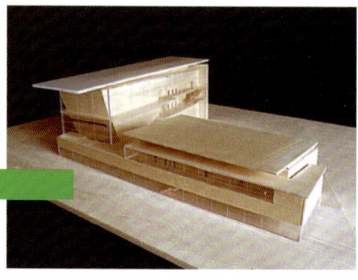

168 | ESPERIENZE DELL'ARCHITETTURA | EXPERIENCES OF ARCHITECTURE

1998

Edificio residenziale a tecnologia biologica
Jesi, AN
concorso nazionale
3° premio

Area dell'Arco del Sacramento
Benevento
concorso nazionale
5° premio

Aree ferroviarie e industriali dimesse
P. d'Arco, NA
concorso nazionale
1° premio ex-aequo

1997

Centro Congressi, Grattacielo Pirelli
Milano
concorso nazionale in due fasi
1° premio

Uffici al 31°piano, Grattacielo Pirelli
Milano
concorso nazionale in due fasi
4° premio

Parcheggio interrato Ospedale Monaldi
Napoli
concorso nazionale
2° premio

Piazza della Chiesa Madre
Siano, NA
concorso nazionale
2° premio

1996

Programma Integrato di Interventi
Cosenza
Concorso nazionale
1° classificato

Sede del Municipio
Arzachena, OT
concorso nazionale
2° classificato

1995

Aula Consiliare Regione Campania
Napoli
Concorso internazionale
1° classificato

Europan 4
Cagliari
concorso internazionale
progetto segnalato

1994

Piazza dei Bruzi
Cosenza
concorso nazionale
1° premio

1993

"La città dei ragazzi"
Cosenza
concorso nazionale
3° premio

Ridisegno del Lungomare
Napoli
Concorso nazionale
menzione speciale

"Premio Tercas Architettura IX Edizione"
Teramo
Concorso nazionale
3° premio

OPERE E PROGETTI

2016 - 2018
Restauro e risanamento conservativo, nuova sede Banca di Credito Popolare

Torre del Greco, NA
Immobiliare Vallelonga

2016 - 2018
Stazione Ferroviaria della Circumvesuviana

Castellammare di Stabia, NA
Ente Autonomo Volturno Consorzio Volla 2

2016 - 2018
Edificio di servizio agli studenti

Arcavacata, CS
Università della Calabria

2015
Ristrutturazione Immobile in Via Riviera di Chiaia

Napoli
Intesa Sanpaolo

2015 - 2017
Edificio Residenziale in Via Formicola

Casoria, NA
FORM.A. srl

2013 - 2015
Recupero Manifattura Tabacchi Napoli - Parcheggio pluripiano e Area mercatale

Napoli
Cdp Immobiliare - Roma

2012 - 2015
Parco Acquatico Santa Chiara

Rende, CX
Comune di Rende

2012
Napoli Arena a Ponticelli e Restauro Stadio San Paolo

Napoli
Idis srl, (NA) con Aedes Group (MI) Cimolai (PN)

2010 - 2014
Nuova scuola elementare

Carate Brianza
Comune di Carate Brianza

2010 - 2014
Nuovo complesso parrocchiale Madonne delle Grazie

Dresano, MI
Conferenza Episcopale Italiana, Diocesi di Lodi, Milano

2009 - 2013
Recupero e valorizzazione del complesso della Corte del Gualtirolo

Campegine, RE
Fondazione Coopsette

2009 - 2012
Piazza Ohm

Milano
Comune di Milano

2007 - 2012
Centro Integrato per l'Artigianato ed il Commercio a Pompei

Pompei, NA
Comune di Pompei - Fergos

2010 - 2014
Concessione demaniale marittima per la realizzazione e la gestione del porto turistico Apuano

Massa e Carrara
Porto Turistico Apuano srl

WORKS AND PROJECTS

2009 - 2012
Spa Resort

Raciechowice, Polonia

2009 - 2009
Progetto M.U.S.P.
Moduli uso scolastico
provvisorio

L'Aquila
Presidenza del Consiglio dei
Ministri - Dipartimento
Protezione Civile

2004 - 2014
Restauro della Torre
delle Nazioni

Napoli
Mostra d'Oltremare S.p.A.

2009 - 2009
Progetto C.A.S.E.
Edifici residenziali su
piastre simicamente
isolate

L'Aquila
Presidenza del Consiglio dei
Ministri - Dipartimento
Protezione Civile

2009 - 2014
Programma
di Recupero Urbano,
Ambito di Soccavo-
Rione Traiano

Napoli
Pa.Co.
Pacifico Costruzioni spa

2008 - 2014
PUA Area ex Breglia
a Ponticelli

Napoli
Ponticelli srl, NA -
Siad srl, MI - Idis srl, NA -
Immobiliare

2008 - 2010
Laboratori attività fisica
ed assistenza infanzia

Napoli
Ceinge

2007 - 2012
Ristrutturazione,
restauro e riqualificazi-
one del "mercato coper-
to" di via Emilia
S. Pietro

Reggio Emilia
Coopsette e Tecton

2006 - 2014
Stazione di
Castellammare
Centro, Linea
Circumvesuviana

Castellammare di Stabia
Ente Autonomo Volturno s.r.l.

2006 - 2014
Palaponticelli:
Casa della Musica

Napoli
Palaponticelli s.r.l., Ponticelli

2006 - 2007
Sede uffici Upteam
Holding

Napoli
Upteam Holding srl

2005 - 2011
Centro Europeo
per le Creatività
Emergenti

Pontecagnano Faiano, SA
Comune di Pontecagnano
Faiano

2004 - 2009
Torri residenziali
e commerciali
a Lampugnano

Lampugnano, MI
Selezione Seconda s.r.l.
e Altari s.r.l.

2004 - 2009
Recupero del
Quartiere Militare
Borbonico

Casagiove, CE
Comune di Casagiove

2003 - 2004
24 Alloggi
in zona PEEP

Quarto, NA
Coop. CELT, Napoli

2002 - 2010
Alloggi di Edilizia
Residenziale Pubblica

Cerzeto, CS
ATERP, Cosenza

2002 - 2004
Piazza Molino
residenze - uffici -
commercio

Cosenza
Molino Bruno spa

2002 - 2003
Complesso scolastico
"E. Fermi"

Napoli
Garboli-Conocos spa

2001 - 2005
Edificio per uffici

Casoria, NA
Griec.A.M. srl

2001 - 2002
Restauro
del Grattacielo Pirelli

Milano
Regione Lombardia

2000 - 2003
Restauro
di Palazzo Aronne

Catanzaro
Comune di Catanzaro

2000 - 2003
Centro polivalente
universitario

Napoli
E.DI.S.U. Napoli 1

1998 - 2004
Piazza Gabrio Rosa,
viale Martini e viale
Omero

Milano
Comune di Milano

1998 - 2004
Aree ferroviarie e industriali dismesse

Pomigliano d'Arco, NA
Comune di Pomigliano d'Arco, NA

1999 - 2001
Sede della Motorizzazione Civile

Avellino
Ministero dei Trasporti, Roma

1999
Sistemazione e riqualificazione di aree del centro storico

Aversa
Comune di Aversa, CE

1998 - 2000
Restauro di Palazzo Cosentini

Cosenza
A.T.E.R.P. ex I.A.C.P. di Cosenza

1998 - 2000
Programma Integrato di Interventi nell'area dell'ex Mercato Ortofrutticolo al centro storico

Cosenza
Comune di Cosenza

1995 - 2006
Aula Consiliare e Ristorante

Napoli
Consiglio Regionale Campania

1996- 1998
Riqualificazione Piazza dei Bruzi ed aree limitrofe

Cosenza
Comune di Cosenza

1996- 1997
Complesso residenziale e area sportiva

Pozzuoli, NA
Ge.Vi. srl

COLLABORATORI
COLLABORATORS

Francesco Aletta, Chiara Ascione, Mikel Angjeli, Carlo Ardone, Marianna Assante, Carolina Bergamasco, Lucienne Bowden, Michele Buso, Leonardo Caliandro, Laura Cannarile, Maurizio Calierno, Salvatore Carleo, Rita Carosone, Valentina Casalboni, Gennaro Casillo, Giovanna Castaldo, Agostino Castellano, Alessandra Cavaccini, Nicola Cavaliere, Melania Cermola, Francesco Maria Cerroni, Ernesto Cesario, Gianfranco Chiappetta, Davide Cibelli, Massimo Cicala, Rossella Cincotti, Raimondo Ciocchi, Angela Cipriano, Ascanio Colombo, Paolo Conforti, Paolo Corvino, Michele Cozzolino, Mario Crisci, Elisa De Crescenzo, Vito Del Gaudio, Nausicaa de Rosa, Francesco di Caprio, Luisa Di Costanza, Emanuela Cresta, Matteo Di Cuonzo, Inga Dworak, Anna Esposito, Giulio Esposito, Marco Esposito, Livia Falco, Manuela Ferro, Francesco Finelli, Ludovica Gasparini, Sarah Gentiletti, Martin Fireira Alessandri, Antonella Galassi, Ivana Galli, Rossana Giallonardo, Giulia Silvia Giordano, Luisa Grasso, Alessandra Iannuzzi, Gabriele Lamba, Loredana Lanteri, Alessandra Laprovitera, Riccardo Lauro, Sabrina Maiorano, Simone Martino, Michela Matrisciano, Eleonora Matrone, Elisa Magliarditi, Irene Matteini, Simone Martino, Chiara Mazzarella, Armando Melillo, Carmine Moreni, Manuela Musto, Iole Napolitano, Michele Natale, Giovanni Nocerino, Anna Nunziata, Monica Ombra, Isidoro Pannitti, Andrea Paoletti, Francesco Pellegrini, Rodrigo Pessoa, Nicola Piacquadio, Rossana Piccolo, Giovanni Podestà, Marco Polito, Marco Poerio, Ciro Priore, Mario Rea, Francesca Reale, Giuliana Rebecchi, Debora Regio, Rocco Ripoli, Federico Ruberto, Ivano Ruocco, Faisal Saleh, Sara Gina Salino, Enrica Santaniello, Giovanni Saputo, Claudio Savarese, Milena Savoia, Elisa Scaglione, Paolo Scarpati, Mario Settimio, Simona Schettini, Michele Silvers, Marzia Stancati, Francesco Pellegrino, Alessandro Telese, Ilaria Turco, Michele Vassallo, Maria Rosaria Villani, Gianluca Vitale, Alessia Vitiello, Giovanna Tedeschi, Mino Vocaturo, Giovanna Togo, Giorgio Tomasello, Augusta Zanzillo, Malgorzata Zbroinska.

Pubblicato da
Published by
LISt Lab
info@listlab.eu
listlab.eu

Produzione
Production
GreenTrenDesign Factory
Piazza Manifattura, 1
38068 Rovereto (TN) - Italy
T: +39 0464 443427
info@greentrendesign.it

Autori/Authors
Vincenzo Corvino
Giovanni Multari

Collaboratore/
Colaborator
Marco Poerio

Traduzioni/
Translations
Alessandra Salerno

Direttore Editoriale
Editorial Director
Pino Scaglione

Assistente Editoriale
Editorial Assistant
Gioia Marana

Art Director & Graphic Design
Blacklist Creative Partners, Barcelona
blacklist-creative.com

ISBN 9788898774418
Stampato e rilegato in Unione Europea, Aprile 2017
Printed and bound in European Union in April 2017

Tutti i diritti riservati
All rights reserved
© dell'edizione/of edition LISt Lab
© dei testi/of texts gli autori/they authors
© delle immagini/of images gli autori/they authors:
p. 8; p. 11; p. 15; pp. 38-39; p. 40; p. 149 ©Studio F64

Promozione e distribuzione in Italia
Promotion and Distribution in Italy
Messaggerie Libri, Spa, Milano,
Numero verde 800.804.900
assistenza.ordini@meli.it

Promozione e distribuzione internazionale
International Promotion and Distribution
ACC Distribution, UK
+44 (0)1394 389950
uksales@accpublishinggroup.com

Comitato scientifico di LISt&Books Editore
Scientific Board of the List&Books Publishing
Eve Blau, Harvard GSD; Maurizio Carta, Università di Palermo; Eva Castro, Xi'an University of Architecture and Technology; Alberto Clementi, (già) Università D'Annunzio; Alberto Cecchetto, IUAV, Università di Venezia; Stefano De Martino, Università di Innsbruck; Corrado Diamantini, Università di Trento; Antonio De Rossi, Università di Torino; Franco Farinelli, Università di Bologna; Carlo Gasparrini, Università di Napoli; Manuel Gausa, Università di Genova; Giovanni Maciocco (già) Università di Sassari/Alghero; Antonio Paris, Università di Roma; Mosè Ricci, Università di Trento; Roger Riewe, Università di Graz; G. Pino Scaglione, Università di Trento

Questo libro è stato oggetto di Peer Review
This book was subjected to Peer Review